本书是国家社科基金项目"智能广告伦理风险与监管研究"的阶段性成果（编号
也是江西师范大学广告学国家一流建设专业成果之一。

作者单位：江西师范大学。

蔡立媛　胡丽婷
周　彤　龙春梅
—————— 著

GUANGGAO CHUANGXIN
YU
ZUOPIN FENXI

广告创新
与
作品分析

江西高校出版社
JIANGXI UNIVERSITIES AND COLLEGES PRESS

图书在版编目(CIP)数据

广告创新与作品分析/蔡立媛等著. --南昌:江西高校出版社,2023.10(2025.1重印)

ISBN 978-7-5762-4254-6

Ⅰ. ①广… Ⅱ. ①蔡… Ⅲ. ①广告设计—研究 Ⅳ. ①F713.81

中国国家版本馆 CIP 数据核字(2023)第 188034 号

出 版 发 行	江西高校出版社
社 址	江西省南昌市洪都北大道 96 号
总编室电话	(0791)88504319
销 售 电 话	(0791)88522516
网 址	www.juacp.com
印 刷	三河市京兰印务有限公司
经 销	全国新华书店
开 本	700mm×1000mm 1/16
印 张	15
字 数	225 千字
版 次	2023 年 10 月第 1 版
	2025 年 1 月第 2 次印刷
书 号	ISBN 978-7-5762-4254-6
定 价	88.00 元

赣版权登字 -07-2023-730

　　江西师范大学广告专业是首批国家级一流本科专业,江西省品牌专业、江西省特色专业、江西省综合改革试点专业,2023 江西省普通高等院校五星级本科专业点,在江西省全省广告专业评估(2017—2022)中获第一名。

　　我校广告学专业师生在教育部、教育厅组织的各类竞赛中屡获佳绩。我们希望通过分析大广赛优秀获奖案例,为读者提供广告作品创作经验,激发读者的创造力、实践力,以赛促练、以赛促学、以赛促教、以赛促改、以赛立德。本书适用于学习广告和参与广告竞赛的师生。

　　全书共三个部分——创意篇、策划篇和文案篇,覆盖了广告竞赛的大部分作品类型,从各广告竞赛(主要是全国大学生广告艺术大赛)获奖作品中提取创意思路,利用相关理论进行详细分析,旨在开拓创意思路,提供创意方法。本书由江西师范大学的蔡立媛老师,以及胡丽婷、周彤、龙春梅撰写完成。书中参考使用了部分案例作品,在此对作品作者深表谢意。

目 录
CONTENTS

创 意 篇

文　案　篇

创 意 篇

第一章　广告创意的指导理论

这一章旨在从广告创意的经典理论出发,从更好的传播和效果层面来看待广告作品,定下广告的创意基调和创作方向。

第一节　USP 理论指导

1961 年,罗瑟·瑞夫斯在《实效的广告——达彼思广告公司经营哲学:USP》①一书中系统地提出了 USP 广告创意策略理论,即独特的销售主张(unique selling proposition)。简单说来,USP 强调产品具体的特殊功效和利益,这些是竞争对手无法提供的,因此有着强劲的销售力。②

在该理论下进行广告创作时,需要做好产品的前期分析,如行业分析、产品分析、消费者分析和竞争对手分析,找出在行业细分中,产品独具的消费者利益点,着重营销该点,从而在目标消费者心目中留下强认知。

该理论的提出者罗瑟·瑞夫斯有一个广告人熟知的经典案例,流传至今。1954 年,M&M 在第一支电视广告上启用了罗瑟·瑞夫斯写的广告语:"只溶在口,不溶在手。"它既反映了 M&M 巧克力糖衣包装的独特点,又暗示 M&M 巧克力口味好,以至于我们不愿意使巧克力在手上停留片刻。

在 USP 理论的运用上,联合利华有一个经典案例。联合利华旗下的中高端去屑及头皮护理品牌清扬在洗发水去屑赛道的崛起离不开对 USP 理论的运用。当时洗发水去屑赛道已经有一个龙头老大——海飞丝。清扬洗发水进入该赛道如何与海飞丝品牌进行区分呢? 它推出了男性去屑洗发水,强调对男性去屑

---

① 瑞夫斯.实效的广告:达彼思广告公司经营哲学:USP[M].张冰梅,译.呼和浩特:内蒙古人民出版社,1999.
② 李东,邢振超.四种营销传播理论的比较:从 USP 论、品牌形象论、定位论到 IMC 理论[J].学术交流,2006(11):91 – 94.

的特殊功效,从而在消费者心中占领一席之地,迅速获得细分赛道的市场。

1997年,农夫山泉的一句别出心裁的广告语——"农夫山泉有点甜"横空出世。这句充满魔性的广告语被誉为广告界的标杆之一,它被无数广告界人士奉为经典。当时记者出身的钟睒睒在充分分析当时的市场环境后,最终选择将国家一级水资源保护区千岛湖的水源作为竞争点,将产品质量的差异化作为战胜竞争对手的法宝。于是,"农夫山泉有点甜""我们不生产水,我们只是大自然的搬运工""每一滴水,都有它的源头"等经典广告词诞生了,使农夫山泉在一众瓶装水中显得尤为独特。

作为广告诉求的经典理论,USP不仅对以后的理论发展具有一定的贡献,即使对现在的广告创作,也具有很大的理论指导意义。物质利益需求永远是人类最基本的需求,即使在追求更高的心理与精神满足的消费者需求中,产品的功能与实际物质利益,也仍然是人们实现消费需求、发生购买行为的重要诱因。我们往往忽略了一个重要事实:在消费者需求中,追求实际物质利益,不是必须以心理与精神满足的追求作为支撑;追求心理与精神满足的消费需求,往往与实际物质利益的需求相伴随。因此,即使在形象至上、品牌至上的广告传播时代,对产品功能的诉求、对产品实际物质利益的承诺,也依然是广告诉求永远绕不开的话题。只要广告存在,我们就需要"永远的USP"。不是说它唯一,不是说只有它高妙,而是它确实是广告传播中的一种持续选择。①

我们在进行广告作品创作时,前期也要着重挖掘产品的独特利益点,选择该产品区分于其他竞品的核心卖点,来进行创意形式的表达。

第二节　BI理论指导

BI(Brand Image)理论,即品牌形象理论,是由大卫·奥格威提出的。品牌形象理论强调塑造形象,长远投资。在该理论指导下,每一则广告都要符合该品牌当下的营销策略,为品牌形象塑造添砖加瓦。正如大卫·奥格威认为的:

---

① 李相臣.浅析USP理论的功能意义与发展[J].中小企业管理与科技(上旬刊),2008,190(9):141.

每则广告都是为建立品牌个性所做的长期投资。①

对品牌形象的塑造是一件具有长期性和统一性的事情。在这方面,谷歌、华为和茅台等品牌运用得十分熟练。

谷歌的品牌形象被定位为智能、高效和便捷。谷歌通过提供高质量的搜索引擎和其他创新产品,以及简单有趣的品牌传播方式,成功地在消费者心目中树立了自身的形象,成为全球最受信赖的搜索引擎之一。

作为全球领先的通信技术解决方案提供商,华为通过高质量的产品和创新技术塑造了自己的品牌形象,致力于为客户提供可靠、安全和高效的解决方案,并通过与全球合作伙伴建立长期的合作关系来赢得客户的信任。

茅台是中国著名的白酒品牌之一,其通过独特的酿造工艺和卓越的品质塑造了自己的品牌形象。茅台注重传统工艺和独特的风味,通过限量版产品和高端市场定位来吸引高端消费者,并在国内外市场上建立了良好的声誉。

在该理论下,我们进行广告创意创作时,要梳理清楚品牌的战略线以及当下的战略阶段,即明确该产品当下的营销重点、广告主题是什么,紧紧围绕广告主题进行创作,保证广告创意产出符合该品牌想要树立的品牌形象。

第三节　广告定位理论指导

1969 年,艾·里斯和杰克·特劳特在美国营销杂志《广告时代》上发表了一系列文章,标题就是《定位的时代》。系列文章刊载之后,在全行业内引起轰动。定位成为营销界谈论的热门话题。定位的核心主张是创造心理位置,强调第一。

下面列举一些中国品牌的案例。

腾讯是中国最大的互联网公司之一,其广告定位是"连接一切"。腾讯通过强调多元化的互联网产品和服务,成功地将自己定位为连接人与人、人与信息、人与世界的品牌。这一定位策略有助于吸引那些追求互联网的便利和全面连接的消费者。

---

① 特劳特. 定位:头脑争夺战 [M]. 王恩冕,于少蔚,译. 北京:中国财政经济出版社,2002:27 - 28.

小米是中国知名的智能手机和电子产品品牌,其广告定位是"高性价比"。小米通过强调产品性能和价格优势,成功地将自己定位为性价比极高的品牌。这一定位策略有助于吸引那些追求性能和实惠的消费者。

京东是中国领先的电商平台,其广告定位是"正品保障"。京东通过强调产品的正品保证和优质服务,成功地将自己定位为提供可信赖和安全产品的购物平台。这一定位策略有助于吸引那些追求购物信任度和品质保证的消费者。

美的是中国知名的家电品牌,其广告定位是"智能生活"。美的通过强调智能家电产品和提供更便捷的生活理念,成功地将自己定位为提供智能化家居解决方案的品牌。这一定位策略有助于吸引那些追求科技和便利生活的消费者。

再比如王老吉,王老吉从不温不火到红遍大江南北,正是因为对品牌进行了重新定位,让定位深入人心。当时王老吉存在企业宣传概念模糊、缺乏市场创新、市场跟随严重、产品趋同化等问题,无法跟饮料市场的竞争对手区分开来。随后王老吉重新对品牌进行定位:怕上火,喝王老吉。整个营销战略的关键词是传承、扬弃、突破、创新。这样定位在当时给王老吉带来了很多益处。一是有利于王老吉突破地域限制。"上火"是一个普遍性的中医概念,而不像"凉茶"那样局限于两广地区,这就为王老吉走向全国扫除了障碍。二是有利于形成防御壁垒。王老吉的"凉茶始祖"身份也是"正宗"的保证,是对未来跟进品牌的有力防御,而且在后面的推广中也证明了这一点。肯德基已将王老吉作为中国的特色产品,作为餐厅现场销售的饮品。三是有利于将产品的劣势转化为优势。淡淡的中药味成功转变为"预防上火"的有力支撑,"王老吉"的品牌名、悠久的历史,成为预防上火的最好证明。四是有利于加多宝企业与国内王老吉药业合作。王老吉定位为功能饮料,区别于王老吉药业的"药片""凉茶",因此能更好地促成两家企业合作共建"王老吉"品牌。两家企业后来还共同出资,拍摄了一部讲述王老吉行医的电视连续剧《药侠王老吉》。

广告定位的实质就是依据所选择的与竞争者有差异的产品而进行的定位活动。因而,商家的紧要任务就是发掘并抢先占有优势战略以赢得竞争优势,广告人的紧要任务就是把这种竞争优势通过广告定位、创意和表现等传播给社会公众。[①]

---

① 刘竞,王晓川.广告定位理论在广告创意中的运用[J].西南民族大学学报(人文社科版),2005,26(12):241－244.

在该理论指导下,我们在创作前要明确我们要在消费者的心目中创造一个怎样贴合产品且独有的心理位置,从而通过我们的广告作品表达出产品的差异性,并给目标消费者留下深刻印象。

第四节　ROI 理论指导

ROI 理论是由 20 世纪 60 年代的广告大师威廉·伯恩巴克创立的 DDB 广告国际有限公司根据自身创作积累总结出来的一套创意理论。该理论提出好的广告必须具备三种基本特质:关联性(relevance)、原创性(originality)、震撼性(impact)。

在该理论指导下,我们评价广告作品时就可以利用这三种基本特质。一是广告创意的主题是否和产品及消费者强关联,是否可以代入其他同类产品。二是广告作品是否为原创,是否具有求异思维。参考借鉴和抄袭的界限一定要划分清楚。三是做出来的广告作品是否具有打动人心的效果,即作品在瞬间引起受众注意并震撼人心的能力。

大众的甲壳虫系列一直是比较有名的成功运用 ROI 理论的作品。它主打的是体形小巧,在海报上它的标题为《想想小的好处》,文字内容为"当你挤进狭小的停车场时,当你更换那笔少量的保险金时,当你支付修理账单时,或者当你用旧大众换新大众时,请想想小的好处"。画面简单而醒目,有大片空白,仅左上角有一个小小的甲壳虫图案。该系列海报成功贴合 ROI 理论,具有关联性、原创性和震撼性三种基本特质。

在进行广告作品创作时,无论是文案作品还是视觉作品,都可以好好地运用该理论。从 ROI 理论来看,关联性、原创性和震撼性在逻辑上存在先后关系,在作用上各有不同,独立而有联系,相互之间不能取代。ROI 创意理论认为,广告创意如果与商品之间缺乏关联性,就失去了创意的意义,就谈不上有什么传播效果。当然,一个创意要同时具备这三个要素也不容易,要达到这三者的完美结合,就必须深入了解消费者、了解市场,清楚产品的特点,明确商品的定位,才能准确有效地传达商品信息。

第二章 广告创意 CRVAG 模型运用

广告的整体运作包括市场调查、广告策划、广告表现、广告发布、广告效果评估这几个过程。其中广告表现由多个广告组成。每个广告服从一定的主题,承担一定的任务。为在最有效的时间内最有效地打动目标消费者,提高广告的有效性,一般都要求广告具有一定的创意,即创造性表现,来达到优良的广告效果。

本研究主要以全国大学生广告艺术比赛的平面、电视、微电影、动画、短视频、策划类获奖作品为研究对象,进行文本内容分析,借鉴心理学、修辞学等学科的相关理论分析框架,得出广告创意的 CRVAG 创意模型。CRVAG 创意模型是指要想创作出独特和有新意的广告,可以依赖五种创意理论或技法 [第一是C(classical conditional reflex)——经典条件反射理论;第二是 R(rhetorical devices)——修辞手法;第三是 V(vertical and horizontal thinking)——垂直与水平思维;第四是 A(associative method)——联想法;第五是 G(gestalt psychology)——格式塔心理学] 在广告中的运用。

第一节 经典条件反射理论在广告创意中的运用:
刺激—反应联结

一、理论讲解

经典条件反射是巴甫洛夫提出的。巴甫洛夫认为,要习得"条件刺激—条件反应"之间的联结,就需要建立条件刺激与无条件刺激的关联。经典实验是:狗看到食物分泌唾液,在每次给狗送上食物之前都打铃,久而久之,狗只要听到铃声就开始分泌唾液,而不是等看到食物才开始分泌唾液。

图 2-1 中建立的是"无条件刺激(食物)"与"无条件反应(分泌唾液)"之间的关联,"无条件刺激"产生"无条件反应"是人或动物的本能,而"条件刺激"

所产生的"条件反应"却是后天学习的结果。此实验通过建立"食物"与"铃声"之间的关联,获得"条件刺激—条件反应"联结。即"铃声—分泌唾液"之间的学习联结。

经典的条件反射解释了"刺激—反应"之间的联结是如何形成的——是后天学习的结果。因此,经典条件反射理论也被认为是行为主义学习理论的一种。

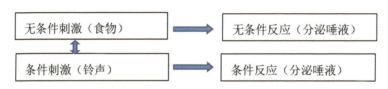

图 2-1 巴甫洛夫的经典条件反射理论

二、该理论在广告中的运用

学习过程是广告的主要过程,广告是帮助受众学习的过程,广告要建立的恰恰也是"刺激—反应"之间的联结。"产品或品牌"可以被视作"条件刺激","广告主题"可以被视作"条件反应",广告的目的就是在消费者心中形成"条件刺激(产品或品牌)—条件反应(广告主题)"之间的关联。例如,要形成"VIVO手机—使人美丽"之间的关联,也就是要形成"刺激—反应"之间的关联。消费者了解广告之前,本来没有 VIVO 手机使人美丽的感觉,而在了解广告之后要产生这样的感觉,关键就在于广告创意要找到能让受众产生本能反应(使人美丽)的刺激物。化妆品、服装、花朵、爱情等都能使人美丽,VIVO 手机要以其中一种作为"无条件刺激",建立"无条件刺激"与"条件刺激(VIVO 手机)"之间的关联,使"条件刺激(产品)"也能产生"条件反应(使人美丽)"。

若选择"化妆品"为无条件刺激,如图 2-2,"无条件刺激(化妆品)"产生"无条件反应(使人美丽)",建立"无条件刺激(化妆品)"与"条件刺激(VIVO 手机)"之间的关联后,"条件刺激(VIVO 手机)"就产生了"条件反应(使人美丽)"。

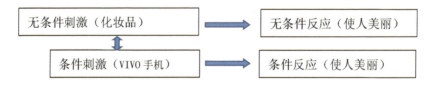

图 2-2 巴洛夫:经典条件反射理论(classical conditional reflex)在广告中的运用

所以，广告用一个化妆品包装盒（无条件刺激）来做画面主体，产生使人美丽的感觉（无条件反应），而这个化妆品包装盒看上去像一个 VIVO 手机（条件刺激），那么 VIVO 手机（条件刺激）也就产生了使人美丽（条件反应）的感觉。

在运用经典条件反射理论做广告创意时要注意两点。1. 把握广告主题，选择能产生广告主题或与主题相关的反应的"无条件刺激"。因为一旦选择无条件刺激，就会产生无条件反应（广告主题或与主题相关）。2. 巧妙建立"无条件刺激"与"条件刺激"之间的关联。无条件刺激产生无条件反应只是过程，条件刺激产生"主题反应"（条件反应）才是目的。

三、该理论在广告中的实践

创作步骤的划分：

第一步：把握广告主题、产品特性和调性，明确产品和品牌作为"条件刺激"要达到的"条件反应"；

第二步：找到合适的"铃声"，即能和"无条件反应"（广告主题）之间产生本能反应的"无条件刺激"；

第三步：巧妙建立"无条件刺激"与"条件刺激"之间的关联；

第四步：进行清晰且通俗易懂的艺术化展现。

在具体的广告创意实践中，第一步是基础，准确把握广告主题，找准自己的理解是后面创意展开的起点。

第二步是广告创意的关键——找到贴合广告主题的刺激物。这种"无条件刺激"能让受众产生相应的本能反应。"无条件刺激"产生的本能反应可以分为两种，一种是与生俱来、无须训练的本能生理反应，如狗看到食物会分泌唾液，公鸡看到阳光会打鸣，人有膝跳反应等；一种是受到社会文化、风俗长年累月的影响所产生的即刻联想，就像美丽与花、恐惧与刀、可爱与小孩等之间的关联，是我们大脑能迅速形成的。在广告创意运用中最常用的本能反应是第二种。广告创意不是空想之物，找到符合广告主题的刺激物需要广告创意者对目标受众所处的社会环境、人文风俗以及受众本身的特性进行深入的了解和研究。

把经典条件反射理论运用于广告创意，最能体现一个人的创意思维，也是该理论运用的难点，这也是第三步——建立"无条件刺激"与"条件刺激"（产品或品牌）之间的关联。第二步需要良好的洞察，离不开广告从业者对日常生活的观察、感受和积累,体现的是广告从业者对生活的感知。而广告创意的真正实现在于第三步,把找到的"无条件刺激"与"条件刺激"进行有机的联结,不能让受众感觉二者被捆绑在一起,而是让受众感觉到它们本该为一体。

建立关联的方式有很多。在巴甫洛夫的经典实验中,建立关联的方式是"每次给狗送上食物之前都打铃"。在时间的长期作用下,狗形成了铃声(条件刺激)和食物(无条件刺激)的关联。品牌通常要建立的也是这种长效关联,即通过各种广告创意活动逐渐建立品牌和设定形象之间的关联,积累品牌资产。一次次的广告创意活动是策略,是在短时间内运用各种创意手法(在后续的创意理论讲解中会提到)建立二者的关联,这考察的是广告创意者对产品特性的敏感度以及进行创意融合的能力。

第四步是最后一步。在这一步中,广告创意者也不能掉以轻心,需要对上面三步的思路进行整体的梳理,确保创意的融合程度达到可以输出的地步。

案例分析:

(一)第 21 届上海国际大学生广告节未可命题策划组一等奖作品《舒"浮"的凹凸》①。

---

① 选自"上海国际大学生广告节"公众号。

图2-3　第21届上海国际大学生广告节未可命题策划组一等奖作品《舒"浮"的凹凸》画面一（创作者：李宜煊、杨帆　指导老师：邬盛根、蔡立嫒）

在《舒"浮"的凹凸》策划案中，作者运用刺激——反应联结，找到的与主题"未尝不可"（敢于尝试，女性有无限种可能）联结的"无条件刺激"是Z世代能彰显女性个性，并找到在各自的领域发光发热的两个人物代表：（1）"隐身干大事"的阿根廷tufting艺术家Alexandra Kehayoglou；（2）"突破，永无止境"的中国"00后"攀岩世界冠军邓丽娟。

"无条件刺激"和"条件刺激"在未可产品之间的联结是属性和场景的关联：

凹凸，是一种态度。
所谓凹，即内敛深耕。心怀理想，在自己热爱的领域探索无限可能。
所谓凸，即闪耀绽放。把握机会，在每个专属的舞台不断突破自我。

就像未可V3小浮芯卫生巾，3D净棉+面层打孔，恰到好处的"凹"与"凸"，用"芯"为每位女生解决姨妈期的大麻烦。

未可携手全新IP，与V-GIRLS一起重新定义"凹""凸"。

属性关联

她们，是默默在自己领域深耕的"小透明"——或许她们并不"出圈"
她们，却在各自的领域 发光发热——斐然的成绩赢得圈内人一致称赞
她们，彰显个性，不被定义，探索Z世代的更多可能

她们正像未可品牌，
"无边无迹"，随心而行，凭实力证明自己！

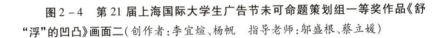

图2-4　第21届上海国际大学生广告节未可命题策划组一等奖作品《舒"浮"的凹凸》画面二（创作者：李宜煊、杨帆　指导老师：邬盛根、蔡立媛）

1. 属性关联。结合产品"3D净棉＋面层打孔"的卖点，观察到产品的特点是外表凹凸。作者将凹凸延伸为一种态度。所谓凹，即内敛深耕。所谓凸，即闪耀绽放。符合两位Z世代女性代表的两种性格特质，这是一种强关联。

场景关联：攀岩运动
Rock Climbing

攀岩是一项在天然岩壁或人工岩壁上进行的向上攀爬的运动项目，通常被归类为极限运动。攀岩运动要求人们在各种高度及不同角度的岩壁上，连续完成转身、引体向上、腾挪甚至跳跃等惊险动作，被称为"峭壁上的芭蕾"。

岩壁上起伏不平的人工支点，是直观的"凹凸"呈现。对于经期的女生而言，在攀岩过程中，经常性的大幅度腾挪对卫生巾的贴合度、干爽度提出了更高的要求。

通过关联攀岩运动的使用场景，可以放大未可V3小浮芯卫生巾的"无迹——3D净棉"的特点，让"舒'浮'的凹凸"更加深入人心。

场景关联：Tufting

近期解压治愈新方式"tufting"，译为"簇绒"，更通俗的叫法是"戳戳秀"。它原本是一种在工厂里用来制作地毯的传统工艺，如今经过简化成为手工DIY，只要一块板、一块布、几坨毛线和一把枪可完成制作。

用"突突"枪经过一通打孔操作，就能做出毛茸茸的地毯、抱枕、小包等一系列凹凸不平但手感舒服的手工艺品。

打孔的制作方式，可以强化未可V3小浮芯卫生巾"3D净棉+面层打孔"的卖点，让消费者在解压的同时更加直观地理解产品卖点。

图 2-5 第 21 届上海国际大学生广告节未可命题策划组一等奖作品《舒"浮"的凹凸》画面三（创作者：李宜煊、杨帆 指导老师：邬盛根、蔡立媛）

2.场景关联。两位女性所从事的职业场景也与凹凸的特性有关。(1)阿根廷"tufting"艺术家 Alexandra Kehayoglou 是用"突突"枪经过一系列打孔操作，做出毛茸茸的地毯、抱枕等一系列凹凸不平但手感舒服的手工艺品。打孔制作的方式，可以强化未可 V3 浮芯卫生巾"3D 净棉 + 面层打孔"的卖点。(2)攀岩运动中，岩壁上起伏不平的人工支点，是"凹凸"形状的直观呈现，放大了未可卫生巾产品"3D 净棉"的特点。

在此，《舒"浮"的凹凸》策划案成功地把"无条件刺激"和"条件刺激"进行了巧妙的结合。首先是在产品卖点中提取了"凹凸"二字，在与"无条件刺激"（Z 世代女性代表）结合时，根据"凹"和"凸"的特性分别赋予它们深层次的精神内涵，成功与 Z 世代女性的态度绑定。这种合理和清晰的结合，是需要广告创意者多次尝试和调整的。这个策划案成功地完成了经典条件反射理论的创意运用。

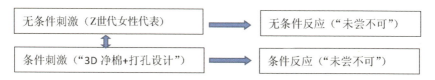

图 2-6 巴甫洛夫的经典条件反射理论在未可产品中的运用

（二）第10届全国大学生广告艺术大赛平面类一等奖作品《超乎你想象的薄》①。

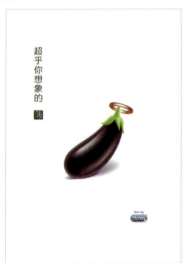

图2-7　第10届全国大学生广告艺术大赛平面类一等奖作品《超乎你想象的薄》(创作者:简志诚　指导老师:姜蕾歌)

图2-7运用了刺激—反应联结。平面中的三种蔬菜(水果)是创作团队找到的与"超薄"主题关联的"无条件刺激"。它们都具备的相似点是外皮都可分

---

① 全国大学生广告艺术大赛组委会.创意我闪耀:第十届全国大学生广告艺术大赛获奖作品集[M].北京:高等教育出版社,2018.

离且轻薄。无论是削丝瓜皮、茄子皮还是剥香蕉皮,受众的本能反应都是:它们是丝滑没有阻碍的。这便是能激起"无条件反应"(广告主题:超乎你想象的薄)的三种"无条件刺激"(丝瓜、香蕉、茄子)。

在建立"无条件刺激"(丝瓜、香蕉、茄子)和"条件刺激"(杜蕾斯 AIR)的关联时,创作团队运用了视觉双关的方式,在这三种蔬菜(水果)的头部放置避孕套的套环,使得三种蔬菜(水果)的外表巧妙地与避孕套的形象融合。也就是说,在这三幅平面图中,受众能在大脑中对两种形象进行有机的联结,二者的关联便建立了。

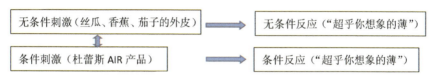

图 2-8　巴甫洛夫的经典条件反射理论在杜蕾斯 AIR 产品中的运用

(三)第 12 届全国大学生广告艺术大赛平面类二等奖作品《义乌商城》①。

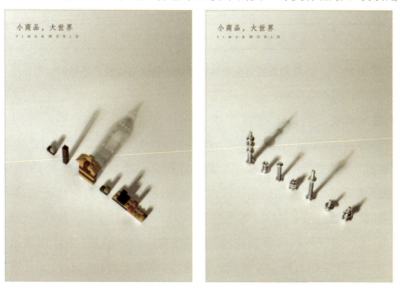

图 2-9　第 12 届大学生广告艺术大赛平面类一等奖作品《义乌商城》(创作者:孙铮、王凯婷　指导老师:李建录)

图 2-9 运用了刺激—反应联结。义乌商城的主题是"小商品,大世界",与

① 全国大学生广告艺术大赛组委会.创意我热爱:第 12 届全国大学生广告艺术大赛获奖作品集[M].北京:高等教育出版社,2020.

此对应的无条件刺激自然是"小商品"和"大世界"的两种形象表达:"小商品"代表的是义乌商城中丰富的小商品输出;"大世界"则体现了义乌商城小商品输出全世界的货物运输体系。那么如何表达"小商品"和"大世界"所代表的两种含义并同时建立小商品和大世界之间的联系呢?该创作团队想到了一个绝佳的妙点:通过影子。

首先,该创作团队在品类丰富的小商品中选择形状多样的积木和铆钉来代表义乌小商场。其次,"大世界"的类似联想是世界著名的建筑景观,如英国的大本钟和上海的东方明珠。再次,通过倒影把二者的形象在视觉上进行巧妙的联结,小商品的倒影恰好贴合了大本钟和东方明珠的轮廓,条件刺激便产生了。这样形象的视觉表达加深了受众对义乌商城中丰富的小产品体系和售往全世界的货运体系的双重印象的认知,即对应了广告产品想要表达的主题:"小商品,大世界"。

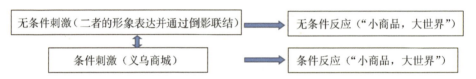

图 2-10　巴甫洛夫的经典条件反射理论在义乌商城产品中的运用

四、注意事项

在具体的创意头脑风暴中,我们很难分清是先根据主题想到了"无条件刺激",再联结"条件刺激",还是根据"条件刺激"(产品/品牌的特性)有了对"无条件刺激"的灵感。所以在运用该广告创意理论时,第二、第三步通常是界限模糊、循环往复的。

当前,无论是院校内还是行业内,都存在着广告作品把"条件刺激"产品与"条件反应"广告主题进行生硬绑定的问题,具体说来就是没有找到合适的"无条件刺激",或者找到了合适的"无条件刺激",但只对"无条件刺激"和"条件刺激"进行了粗糙的关联。这难以使受众形成对产品特性的记忆点,也不能使受众产生对产品——"条件刺激"与广告主题——"条件反应"之间的直接联想。所以要合理准确地运用刺激—反应联结理论就要在"反应"——广告主题、"无条件刺激"和"条件刺激"——产品三者之间找到一个有机循环的链接。

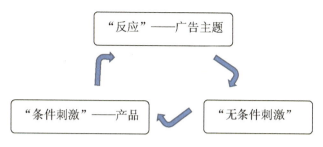

图 2-11　刺激—反应联结的循环图

在每次的创意活动中,当"无条件刺激"发挥作用,刺激—反应联结建立起来后,品牌就完成了一次资产累积的过程。这时,广告主题与产品形成了联结,并成为品牌形象的一部分,后续还会作用在该品牌的其他产品上,作为实体的"无条件刺激"内化成品牌/产品抽象的人格,完成使命。

第二节　R——修辞方法(rhetorical devices)在广告
创意中的表达公式:生动或委婉

一、理论讲解

修辞是人类的一种媒介符号传播行为,是人们依据具体的语境,有意识、有目的地建构和理解话语以及其他文本,以取得理想传播效果的社会行为。[①] 修辞包括修辞环境、修辞行为、修辞现象、修辞过程、修辞效果等。

二、该理论在广告中的运用

广告中,基于一定的动机,为达到一定的目的和一定的传播效果,常运用一定的修辞手段和方法。在分析学生获奖作品后,我们发现比较有效的、使用频率较高的修辞手法有双关、比喻、悬念、暗示等,而这四种手法都在生动或委婉地表达主题。

不仅语言和文字可以运用修辞方法和手段,图片、视频也可以运用修辞手

---

① 陈汝东.修辞学教程[M].北京:北京大学出版社,2014:7.

段和方法。广告要求简单、独特、通俗、真实。要在一个广告中简洁地表达与其他品牌产品相类似的主题,广告创意就必须简单而丰富、独特而通俗,图片和文字也必须借助一些修辞方法和手段。经过文本分析和研究,我们发现广告创意作品中,生动或委婉地表达主题的常用表达公式有四个:

1. 双关。双关在广告创意中有两个表达公式。第一个是广告视觉中的双关表达公式。图片双关是指同一个画面帮助消费者进行"背景与主体"的剥离。当以一部分为背景时,觉察到的是一个主体 A;当以另一部分为背景时,觉察到的是另一个主体 B。基本表达公式为"A + B = 广告主题"。如在表达"娃哈哈果蔬酵苏,唤醒活力"这个主题时,同一个画面既能让人认知到它是"娃哈哈酵苏水果",又能让人认知到它能唤醒活力。于是,创作者通过一个闹钟来表现唤醒活力,因为闹钟是年轻人认为能唤醒活力的东西,而它的外形又很像酵苏水果。在广告设计中,创作者通过画面和文字的引导,让消费者觉得这是一个能唤醒活力的闹钟,又觉得它像一个酵苏水果,"娃哈哈果蔬酵苏,唤醒活力"这个主题也就表达出来了。图片双关的手法引人联想,让人有参与感,是一种较实用的广告创意表达方法。第二个是广告文字的双关表达公式。文字双关的基本表达公式为"谐音双关"或"意义双关"。如 VIVO 手机"拍暗叫绝"即是谐音双关。"美丽只需一小部"中的"部",运用了意义双关。"部"既指一部 VIVO 手机,又指部分化妆品。

2. 比喻与悬念。广告要让人如临其境、如闻其声,就要引发消费者联想,调动消费者的情感,让他们有视觉、听觉、味觉、嗅觉等多种感受。善用比喻可以产生联想,诱发通感。喻体通常简单通俗,为人所熟悉,能够比喻较抽象的本体。图片比喻的基本表达公式为"A 喻作 B"。如表现箱包大,用楼房来比喻。悬念则是通过非常态的场景和表现引发思考,引出产品或主题。悬念的基本表达公式为"非常态场景的引诱 + 期待"。悬念可以突出或强调主题,更加形象生动。

3. 暗示。广告人员为传播某个主题,在无对抗的条件下,通过广告中人物的语言、外貌、手势、表情、体态或行为,用含蓄的、间接的方式表达一定的信息,使消费者接受所示意的观点、意见,或按所示意的方式进行活动。暗示一般可分为直接暗示、间接暗示、自我暗示和反暗示四种。在一般情况下,暗示者是主动的、自觉的。相对来说,被暗示者是被动的。暗示不是直接表明而是通过委婉含蓄的手法来表达,引人思考。其基本表达公式为"非 A 表达"。非 A 表达是指不直接说,而是从反面说,从侧面说,从其他角度或其他格式说。以暗示为主的"非 A 表达"的具体表达公式有:

A."自己人暗示"。在广告中出现与目标消费者相同或相似的人物,或出现与广告主相同或相似的人物。

B."侧面暗示"。表现产品好,不是直接说产品好,而是说原料好、环境好、使用人物的感受好,间接衬托产品品质。

C.通过"只或仅……"格式。如"只有我们,一直陪伴",暗示其他产品不如我们。

D.通过"有些……""有时……"格式。如"有时这种产品很适合你",暗示产品只适用于特定时机。

E.通过"不一定……"格式。如"能飞,不一定在天上",暗示在地面上的速度很快。

F.反问:反问有质疑的意思,用 A 表达非 A。如"难道还要乱扔垃圾吗?"暗示乱扔垃圾的反面意思——不能乱扔垃圾。

G.层递比喻。"A 如 B,B 如 C",暗示 A 如 C。如"你像花一样,我像你一样",暗示我也像花一样。

三、该理论在广告中的实践

1. 视觉双关

基于"A + B = 广告主题"的视觉双关表达公式,视觉双关在广告中的实践效果在于知觉,既要让受众觉察到产品拥有的广告属性,也要觉察到广告产品,从而建立广告属性和广告产品之间的联结。

创作步骤的划分:

第一步:明确广告主题、广告产品和产品属性。

第二步:寻找一个或者一系列能够表现广告主题的中介形象。

第三步:把中介形象与产品外形进行巧妙的结合或者转化,呼应主题。

案例分析：

（一）视觉双关：第 10 届全国大学生广告艺术大赛平面类一等奖作品《爱华仕箱包之二维码篇、条形码篇》①。

图 2 - 12　第 10 届全国大学生广告艺术大赛平面类一等奖作品《爱华仕箱包之二维码篇、条形码篇》（创作者：汪家焱　指导老师：袁维坤）

在图 2 - 12 中，创作团队运用双关的修辞手法，分别通过条形码和二维码表现爱华仕箱包小体积、大容量、质量过硬的产品属性。条形码是购物时商品上的信息码，选购完商品后买单所用；二维码是在电子购物时代消费者可用于付款的链接码：二者都是消费者购买商品时所使用到的便利工具。消费者看到这两个形象时还能产生关联想象——"外出只用带上手机就行"。这两个形象便蕴含了便利、购物与"一个物品解决一切"的属性。与此同时，条形码和二维码与拉杆完美结合，形成拉杆箱的外形，结合平面尾部的品牌标识成功地让受众联想到爱华仕箱包。

这个平面高度符合双关手法的视觉表达式："A + B = 广告主题"，条形码和二维码的想象既让受众觉察到产品属性（便利、购物、"一个物品解决一切"），

① 全国大学生广告艺术大赛组委会.创意我闪耀：第十届全国大学生广告艺术大赛获奖作品集[M].北京：高等教育出版社，2018.

又让受众觉察到广告产品(爱华仕箱包),形象生动地把爱华仕箱包与"一箱在手,购遍所有"的主题关联在一起。

(二)视觉双关:第 10 届全国大学生广告艺术大赛平面类一等奖作品爱华仕《生活酷旅行,装起全世界》①。

图 2 - 13　第 10 届全国大学生广告艺术大赛平面类一等奖作品爱华仕《生活酷旅行,装起全世界》(创作者:王旭　指导老师:孟光伟)

① 全国大学生广告艺术大赛组委会.创意我闪耀:第十全国大学生广告艺术大赛获奖作品集[M].北京:高等教育出版社,2018.

在图 2－13 中,创作团队选用了三种形象:天空上的云朵、沙漠中的湖水、海洋中的小岛,这三种形象排列在一起可以引起受众产生这样的联想:乘坐飞机从天空飞过,去看沙漠中的绿洲,来大海上的岛屿度假。这三种形象便蕴含了"周游世界"的概念属性。与此同时,云朵、湖水和小岛都变幻成了爱华仕拉杆箱的外形,一方面使得云朵、湖水和小岛承载的概念属性移植到爱华仕箱包这个产品上,另一方面暗示了拉杆箱能够装下世界的每个角落。

通过这三幅平面图,受众觉察到了"装得下,世界就是你的"这个主题,又觉察到爱华仕箱包这个广告产品。这三种形象的双关运用生动且关联性强,较好地实现了产品与主题关联的广告目的。

(三)视觉双关:第 12 届全国大学生广告艺术大赛平面类三等奖作品《植物冰肌水》①。

图 2－14　第 12 届全国大学生广告艺术大赛平面类三等奖作品《植物冰肌水》(创作者:李立群　指导老师:隋慧笛)

图 2－14 中,受众从三幅平面图的背景色中,可以通过包装的轮廓觉察到自然堂冰肌水这个产品。同时也可以通过瓶内三种颜色各异的喜马拉雅冰川风景感受到产品的自然属性。

这个作品巧妙地运用了视觉双关的创意方法,一种视觉形式产生了两种知觉——A＋B,较好地契合了自然堂冰肌水的广告口号——"来自喜马拉雅山脉

---

① 全国大学生广告艺术大赛组委会.创意我热爱:第 12 届全国大学生广告艺术大赛获奖作品集[M].北京:高等教育出版社,2020.

的冰川水"。

2."谐音双关"或"意义双关"

基于"谐音双关"或"意义双关"的文字双关表达式,文字双关在广告创意实践中的关键一是在明确广告目标的情况下对文字的把握和运用,包括文字的形状、拼音、含义、引申义等;二是更注重对广告主题和产品属性的深入理解和把握,在这个基础上通过一词多义既能体现产品的核心卖点,又能使产品和消费者之间产生情感联结。

这里讲一个综艺中的案例,在《跃上高阶职场》第三期节目中,广告人妙妙为"啃啃嗦嗦"纸皮核桃进行年轻化升级所想的广告主题语为"年轻人,想开点"。该广告语运用了意义双关:一方面表达了年轻人当下在内卷、摆烂与佛系中纠结焦虑,想不开,压力很大,所以年轻人需要想开点;另一方面是结合了"纸皮核桃"这个产品的产品属性——很容易被打开,所以年轻人需要"纸皮核桃"。"年轻人,想开点"这个文案使得年轻人当下需要的精神状态与"纸皮核桃"的产品属性"很容易被打开"之间形成了交集圈。《啃啃嗦嗦纸皮核桃》这个文案既表现了产品特色,又能够引起年轻人的共鸣,能较好地达到产品年轻化升级的广告目标。

创作步骤的划分:

第一步:明确广告主题及想要体现的产品属性。

第二步:寻找能与产品属性产生关联的文字表达。

第三步:反复尝试,多次调整,使文案表达清晰合理。

案例分析:

(一)谐音双关:第 10 届全国大学生广告艺术大赛文案类三等奖作品《枣杞芒》①。

还在早起忙?

不如枣杞芒!

娃哈哈大红枣枸杞 & 芒果酸奶,随时补充元气,活力一整天!

(创作者:邵嫚嫚、魏贝贝　指导老师:陈相雨)

---

① 全国大学生广告艺术大赛组委会.创意我闪耀:第十届全国大学生广告艺术大赛获奖作品集[M].北京:高等教育出版社,2018.

　　这个文案运用了谐音双关。创作团队明确了娃哈哈产品想要突出的产品属性——补充能量、元气和活力,在此基础上,以"枣杞"和"早起"的谐音双关,既交代了产品所含的原料——红枣和枸杞,又点出了产品的功能性定位——早起后的能量补充,形象地表达了产品的核心卖点。

　　(二)谐音双关:学院奖 2022 秋季征集大赛短视频类优秀奖云南白药作品《点亮牙健康》①。

图 2-15　学院奖 2022 秋季征集大赛短视频类优秀奖云南白药作品《点亮牙健康》(创作者:胡丽婷、龙春梅、傅煦辰　指导老师:蔡立媛)

　　图 2-15 中的短视频作品运用了谐音双关的修辞手法。创作团队想要突

――――――――――

　　① 摘自学院奖官网。

出云南白药提倡的生活理念:一刷一漱日常保护牙健康,采用了字形相似的"涮"与"刷"和具有谐音联系的"薯"与"漱"四字,形成广告口号"想要经常一'涮'一'薯',不要忘记一'刷'一'漱'"。一语双关地表达出"想在日常生活中放心涮火锅、吃薯片的同时又维护好口腔卫生,就要养成平日一刷一漱的好习惯"的主题思想。

(三)谐音双关:第 11 届全国大学生广告艺术大赛文案类一等奖作品《从一无所有,到义乌所有》①。文案如下:

从一无所有,到义乌所有

(创作者:孙雨田　指导老师:周艳)

这句广告语运用了谐音双关,且包含了对比的意味。"一无所有"和"义乌所有"一语双关、对比突出义乌商城的特色——各种小商品琳琅满目、应有尽有,且语句对仗,语义清晰,简洁有力。

(四)意义双关:第 10 届全国大学生广告艺术大赛文案类三等奖作品《每个人都是一座孤岛》②。文案如下:

标题:每个人都是一座孤岛,但也因此获得力量。

广告语:因孤独而聚。

正文:

你的生活熙熙攘攘。

你在末班电车上,每个人占据一排座位,像孤岛,是沉寂。

你凌晨四点的孤独,如灯光,渐渐模糊,是璀璨。

你的孤独是力量,它在喧嚣中支撑你,在黑暗中陪伴你。

你将孤独垒成岛,藏着你的故事和骄傲。

每个人带着不同的孤独努力生活,因孤独而聚,把孤独变成力量。

随文:因《孤独》相聚网易云音乐。

(创作者:刘茜　指导老师:傅蓉蓉)

这篇文案运用了意义双关。"孤岛"既是一首音乐,也是一种意指:因孤独

① 全国大学生广告艺术大赛组委会.创意我飞跃:第 11 届全国大学生广告艺术大赛获奖作品集[M].北京:高等教育出版社,2019.

② 全国大学生广告艺术大赛组委会.创意我闪耀:第十届全国大学生广告艺术大赛获奖作品集[M].北京:高等教育出版社,2018.

而聚。后面的意义阐释了前面的歌,让人有所感悟的同时表现了网易云音乐平台的故事性、群体聚集性和情感性的特点。

(五)意义双关:第10届全国大学生广告艺术大赛广播类三等奖作品《装得下,装得精彩》①。文案如下:

装得下,装得精彩

他们总说我会装,能装不是做作

是懂得生活的一种方式

装得下疲惫的眼泪

装得下现实的重量

装得下生活的喜怒哀乐

装得下旅行的精彩纷呈

只因唯有爱华仕箱包

爱华仕装得下,世界就是你的

(创作者:张风波、关世召　指导老师:祝莹)

这个广播作品运用了意义双关。"装"既形容人的品行做作,也能够表达打包、收拾的行为。文案表述通过一字双关着重突出爱华仕箱包容量大、很能装的核心卖点,文案思想符合"装得下,世界就是你的"的产品定位。同时,该作品整体语言风格平淡又深沉,背景音乐娴静中透露出一丝悲伤,能够引发听众的思考与想象。

相比于平面策划和短视频、微电影等视觉类型的广告,广播广告主打听觉,因此需要掌握广播的基本技能,如语音表达、节奏控制和音效运用等。

(六)意义双关:第12届全国大学生广告艺术大赛长文案类一等奖作品《高尔夫文案——个性篇》②。文案如下:

有人说,开高尔夫的人太多了,没有个性

我说,买前,它是大众的;买后,它就是我的

---

① 全国大学生广告艺术大赛组委会.创意我闪耀:第十届全国大学生广告艺术大赛获奖作品集[M].北京:高等教育出版社,2018.

② 全国大学生广告艺术大赛组委会.创意我热爱:第12届全国大学生广告艺术大赛获奖作品集[M].北京:高等教育出版社,2020.

高尔夫,属于独一无二的你

(创作者:全文昊、王栋　指导老师:黄毛毛)

高尔夫的广告主题有两个:人人都值得拥有一辆高尔夫;每个人的高尔夫都独一无二。该创作团队首先运用了对比联想,"独一无二"的反义词即"大众的"。而"大众"一词有两个含义,一是指众多的人,泛指群众、民众;二是指一汽大众高尔夫汽车。

这个意义双关在这篇文案中的作用一是表达大众汽车人人可享的公平理念。高尔夫既属于大众汽车品牌,也属于所有人——大众,体现了定位为"国民车"的高尔夫代表大众品牌普惠于民的价值取向和造车理念。二是凸显高尔夫和受众有较高的适配度:买之前它是一汽大众品牌旗下的一款产品,是属于大家的汽车;但是购买后,高尔夫的各项产品属性和提供的服务都适配个人,是每个购买者独一无二的选择。

3. 比喻与悬念

基于比喻的基本表达式"A 喻作 B",比喻在广告创意实践中的运用关键是找到符合产品且为受众所熟知的喻体。这个喻体一是要和产品有明确的相似处;二是能用来表达抽象的产品属性,即广告作品要突出的产品特点。

创作步骤的划分:

第一步:明确广告作品要突出的产品属性(不宜多,一般专注一个)。

第二步:通过产品属性进行联想,找到合适的喻体。

第三步:进行视觉化展示。

基于悬念的基本表达式:"非常态场景的引诱 + 期待"。悬念在广告创意实践中的运用关键在于非常态场景的设置。通过什么方式设置悬念很重要,常见的有情节前置、不完整展示或其他非常态展现。同时悬念的运用有时间顺序要求,常见于视频类作品。在视频前面设置悬念,在视频后面解答疑惑。悬念有时和比喻、排比等修辞手法搭配使用,以吸引受众观看,从而突出表现产品属性。

创作步骤的划分:

第一步:选择非常态场景设置的方式。

第二步:充分利用视频拍摄和剪辑手法表现非常态场景。

第三步:解答疑惑,营造恍然大悟的即视感。

案例分析:

(一)比喻和悬念:第 14 届全国大学生广告艺术大赛视频类三等奖作品《轻快出行·轻松随心》①。

① 全国大学生广告艺术大赛组委会.创意我为王:第 14 届全国大学生广告艺术大赛获奖作品集[M].北京:高等教育出版社,2023.

图2-16　第14届全国大学生广告艺术大赛视频类三等奖作品《轻快出行·轻松随心》(创作者:韩诗燕、刘荟、陈可、温倩　指导老师:蔡立媛)

图2-16中的视频类作品运用了比喻和悬念两种修辞手法。创作团队紧密结合爱华仕仙女箱轻盈柔韧的卖点,一开始设置悬念,两位女生眼神之间杀气腾腾,引发观众猜想:她们之间发生了什么事?两位女生与"男友"牵手行走的两种方式——费力与轻松,也令人不解。后面画面一转,牵手的"男友"变成了两个行李箱,观众恍然大悟原来是将行李箱拟人化为男友,来突出爱华仕仙女箱轻巧柔韧、单手可拎的特点。最后用广告语"轻快出行,轻松随心"传递爱华仕箱包希望陪伴年轻用户轻松出行、收获快乐的品牌理念。

在这个作品中,喻体贴合目标消费者的日常,把行李箱比作男友,以情侣出行的轻松表现爱华仕仙女箱的轻盈随心,且视频设置了悬念,吸引受众观看,整个视频生动且具有戏剧化特点。

(二)比喻:第11届全国大学生广告艺术大赛文案类二等奖作品《义乌》①。

义乌,世界的购物车

(创作者:黄琳脂、张爱玲　指导老师:冉红庆)

该广告语把义乌商城比作世界的购物车,表达形象且明确,语言精简。

(三)拟人:第10届全国大学生广告艺术大赛广播类一等奖作品《我的好色男友》②。文案如下:

A:他可坏了,他颜值比我还高,但竟然比我还爱打扮,

---

① 全国大学生广告艺术大赛组委会.创意我飞跃:第11届全国大学生广告艺术大赛获奖作品集[M].北京:高等教育出版社,2019.

② 全国大学生广告艺术大赛组委会.创意我闪耀:第十届全国大学生广告艺术大赛获奖作品集[M].北京:高等教育出版社,2018.

黑、灰、蓝、绿、银,什么颜色的衣服都有。

B:那你还天天粘着他?

A:没办法,谁让我就喜欢这一款。

旁白:华为荣耀10,年轻潮色,你的好色男友。

(创作者:刘泱、李璐、孙若楠　指导老师:唐丽雯)

这个广播文案运用了拟人的手法,把自己的"好色男友"比作缤纷炫彩的华为荣耀10。以女生视角讲述自己的"好色男友",表达年轻女性对这款手机的偏爱,并重点突出华为荣耀10产品颜值高、颜色选择多的特点。

喻体"好色男友"和华为荣耀10产品的相似点在于和女性在一起的状态——随身携带,形影不离,且都是女性偏爱的对象;都具有多种颜色,"好色男友"喜欢黑、灰、蓝、绿、银色系的衣服,而华为荣耀10手机有这五种颜色可供选择,两者特点契合。

(四)悬念:第10届全国大学生广告艺术大赛短视频类一等奖作品《藤娇,不一样的麻麻麻》①。

① 全国大学生广告艺术大赛组委会.创意我闪耀:第十届全国大学生广告艺术大赛获奖作品集[M].北京:高等教育出版社,2018.

图2-17　第10届全国大学生广告艺术大赛视频类一等奖作品《藤娇,不一样的麻麻麻》(创作者:胡伟、李籽萱、林锴豪　指导老师:苏畅)

图2-17较好地运用了悬念的修辞方法。在视频一开头设置了一个女生哭得很伤心的大特写、悲伤的背景乐和相应的文案,引发观众猜想:这个女生身上发生了什么事以至于她哭得如此伤心? 在情绪铺垫足够充分后,画面一转,展现出完整的场景——原来这个女生在吃藤娇牛肉面!

这种先展现局部场景再出现完整画面的悬念设置方式新奇地表达了藤娇牛肉面麻辣的口感,能给观众留下较为深刻的印象,在观众心中形成记忆点。

(五)悬念和夸张:第11届全国大学生广告艺术大赛微电影类一等奖作品《小迷糊面膜——文艺版》①。

---

① 全国大学生广告艺术大赛组委会.创意我飞跃:第11届全国大学生广告艺术大赛获奖作品集[M].北京:高等教育出版社,2019.

图 2-18 第 11 届全国大学生广告艺术大赛微电影类一等奖作品《小迷糊面膜——文艺版》(创作者:江淇 指导老师:付帆)

图 2-18 为该作品前 30 秒画面。这个 50 秒的微电影花费一大半的时间交代背景,设置悬念。开头民国风穿搭的男主人公来见女主人公,但女主人公身着旗袍还没有收拾打扮,男主人公便在庭院外等待。等待的时间过于漫长,如蜗牛爬行般那么慢。当女主人公收拾好了下来,男、女主人公都已白发苍苍,老态龙钟。

该微电影通过民国时期的背景、夸张的手法在受众心目中设下悬念,为什么女主人公会打扮这么久?后面画面一转,时光倒退,女主人公自信地拿出小迷糊自然鲜颜素颜霜,说:"拒绝等待,一键美白。"接着简单一抹,光彩出门,和男主人公迅速约会。前面的悬念便解开了:原来是没有用小迷糊自然鲜颜素颜霜啊!

该广告作品花费大量篇幅设置悬念,吸引受众观看的同时巧妙地引出小迷糊自然鲜颜素颜霜的功效:一键美白。不仅如此,前面设置的悬念正表现了女性用户的痛点,即化妆打扮太费时了。

(六)悬念和拟人:第 11 届全国大学生广告艺术大赛微电影类一等奖作品《爱华仕奇妙夜》[①]。

① 全国大学生广告艺术大赛组委会.创意我飞跃:第 11 届全国大学生广告艺术大赛获奖作品集[M].北京:高等教育出版社,2019.

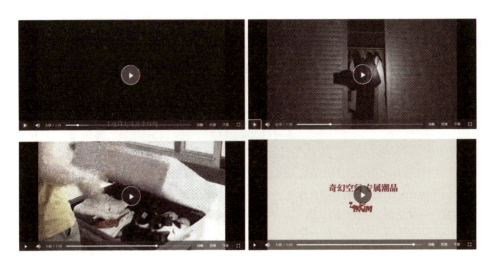

图2-19　第11届全国大学生广告艺术大赛微电影类一等奖作品《爱华仕奇妙夜》(创作者:胡玉琴、王小娜、姚陈雨、郭志贵、张中旭　指导老师:钱敏、章瑞)

图2-19是一部微电影作品。在视频开头,画面漆黑,只闻其声不见其人,"都在么""明早就要出发了""大家出来讨论一些对策呀""手电筒大哥开个灯噻",引发观众猜想。说话的是谁? 他们明天要到哪里去? 需要讨论什么对策? 仅仅三句话就设置了三个悬念。

"手电筒大哥开个灯噻"这句话为该微电影的转折点,回答了第一个疑问——它们是谁的问题。有亮光后,观众恍然大悟,原来在说话的是"衣服",还有牙刷牙杯、一双鞋子和照相机,它们都在吐槽:"我怕挤。""啊,我才不要去呢。""装我的壳太丑了。""别说了,上次我躺的网布兜兜都破了。""都不睡觉,明天还要早起呢。"……

天亮了,开始回答第二、第三个疑问。画面中一位男生在收拾行李,把半夜讨论说话的衣服、牙杯牙刷、鞋子都放进箱子里。原来它们明天要去的地方是行李箱,要解决的方案是如何应对行李箱太挤、不美观、质量不好等问题。

行李箱关上后,它们依次发言:"这地方,真宽敞。""得劲,这壳中我意。""这个网兜兜好。"最后一幕显现品牌标识和广告主题:"奇幻空间,专属潮品。"

该微电影在视频前面短短几秒钟内就设置了三个悬念,且后面依次逐个解开。整个微电影情节引人入胜、活泼有趣,传达了爱华仕箱包产品能装、好看和牢固的特点,创意十足。

4. 暗示

基于暗示修辞手法的表达公式是"非 A 表达"。暗示在广告创意实践运用中的关键是含蓄,包含着"只可意会,不可言传"的意味,以间接的方式传递广告作品的主题思想,引人思考。暗示在日常生活中也是常用的表达方式之一,有高情商的善意提醒,也有阴阳怪气的嘲讽。创意来源于生活,想要较好地运用暗示这一修辞,我们就要在生活中多观察、多积累。

创作步骤的划分:

第一步:明确广告产品要表现的产品特性和作品类型。

第二步:寻找合适的暗示方式(是语言的还是非语言的……)和暗示手法(间接的还是自我的……)。

第三步:进行生动形象的展现。

案例分析:

(一)语言暗示:第 10 届全国大学生广告艺术大赛广播类三等奖作品《年轻不止步》①。文案如下:

> 你见过刚苏醒的树吗?
>
> 你闻过有香味的风吗?
>
> 你摸过玻璃般的草叶、珍珠般的沙吗?
>
> 被手机浸过的肉体与灵魂永远装不下青春的能量。
>
> 年轻人向远处看,如果眼睛自由了,心便是自由的。
>
> 只要心中装得下远方,总会有梦想带着你到达。
>
> 爱华仕生活酷旅行,装起全世界。
>
> (创作者:罗中原、吴轩、张康宇　指导老师:戎彦)

这则广播有两个地方运用了语言暗示的修辞手法。前三句以连续设问的方式暗示现在有很多正当年轻的青年拘泥于方寸之间,而没有好好地去感受世界。倒数第二句通过"只要……总会……"的格式,暗示年轻人只要想去远方,便总会到达,无须纠结。这两处暗示较好地激发年轻人对远方的向往,并鼓励年轻人将这种期待尽快转化为行动,不辜负青春、不辜负梦想,贴合了爱华仕箱

---

① 全国大学生广告艺术大赛组委会. 创意我闪耀:第十届全国大学生广告艺术大赛获奖作品集[M].北京:高等教育出版社,2018.

包此次的主题"爱华仕生活酷旅行,装起全世界"。

暗示的修辞手法如果运用得当,受众作为被动的被暗示者很容易接受广告的主题思想。前提是创作者要对目标消费群体有足够深入的洞察。

(二)语言暗示:第 10 届全国大学生广告艺术大赛广播类三等奖作品《华为:年轻,不靠听说》①。文案如下:

> 小时候,老爸说前行只有一种颜色——火车的绿。
>
> 上学了,老师说正确只有一种颜色——对勾的红。
>
> 再后来,朋友说交情只有一种颜色——啤酒的黄。
>
> 20 多岁的你怎么能只听别人说?
>
> 20 多岁的我,人生怎能只有一种颜色?
>
> 我想,我敢,我定义。
>
> 华为年轻潮色,给你点颜色看看。
>
> (创作者:樊美琪、李秉权　指导老师:姜明)

这则广播运用了语言暗示的修辞手法。前三句连续用了三个"只有",暗示他人口中讲述的"前行""正确"和"交情"都不止一种颜色,与后面的"我想,我敢,我定义"照应,表达颜色由自己定义的含义。第四句和第五句("20 多岁的你怎么能只听别人说?""20 多岁的我,人生怎能只有一种颜色?")用了反问的句式,表达创作者的质疑和反抗,暗示正值青春年华的年轻人不能只听别人说,人生也不只有一种颜色,照应了华为荣耀 10 产品的年轻潮色不止一种的产品属性。

整个作品都在用暗示的手法间接强调人生哲理,在不惹人厌烦的同时又联结了产品的功能属性。广告不能有"说教"的意味,那么暗示是一种很好的表达方法。

(三)悬念和非语言暗示:第 12 届全国大学生广告艺术大赛平面类一等奖作品《儿时的梦》②。

---

① 全国大学生广告艺术大赛组委会.创意我闪耀:第十届全国大学生广告艺术大赛获奖作品集[M].北京:高等教育出版社,2018.

② 全国大学生广告艺术大赛组委会.创意我热爱:第 12 届全国大学生广告艺术大赛获奖作品集[M].北京:高等教育出版社,2020.

图2-20 第12届全国大学生广告艺术大赛平面类一等奖作品《儿时的梦》

（创作者：柳博文、高德详 指导老师：黎映川）

图2-20通过光影艺术使受众回忆起儿时的梦，这个梦与一汽大众的品牌理念不谋而合。画面暗示了一汽大众自由、个性和实力的品牌追求。

（四）拟人和非语言暗示：第10届全国大学生广告艺术大赛视频类三等奖作品《娃哈哈之西游篇》①。

---

① 全国大学生广告艺术大赛组委会.创意我闪耀：第十届全国大学生广告艺术大赛获奖作品集[M].北京：高等教育出版社,2018.

图2-21　第10届全国大学生广告艺术大赛视频类三等奖作品《娃哈哈之西游篇》(创作者:施诗、全丽云、徐鑫磊、李敏君、潘泽凯　指导老师:陆珺、赵智慧)

图2-21中的视频类作品运用了"自己人暗示"的修辞手法。整个视频以师徒四人去西天取经、一路降妖除魔的画面作为背景,带给受众亲和感和熟悉感。视频中师徒四人遇到了以产品为原型的拟人化形象。在交流中,作为产品的"钙多多"和"锌多多"充分暗示了自己的功能属性:呆萌的外表、酸甜的口感、钙+锌的营养补充。

"自己人暗示"是广告中的常用手法,通过对原有产品或广告方的形象改造,以一种更加亲和可爱的形象和受众接触沟通,来达到更好的传播效果。

四、注意事项

修辞手法在广告创意中的运用是十分常见的,除了上面列举的双关、比喻、悬念和暗示这四种常见手法还有很多,例如对比、夸张、反复和通感等。广告创作者要留心观察,发挥自己的创意去创作令人眼前一亮的广告作品。

同时,比喻这种修辞手法的运用还需注意避免出现形似而神不似的问题。比喻的妙处在于生动形象地传达产品可以给消费者带来的抽象属性,所以重要的是喻体展现的状态与广告产品想要展现的特质是否具有相似性。最易想到的与广告产品形状相似的喻体反而要谨慎采用,而要考虑使用这个喻体是否能达到预期的广告效果。

最后,无论采取何种修辞手法,广告创意都要符合社会道德规范和相关广告法要求,不要为了博眼球、吸引流量而触犯法律,以免得不偿失。

第三节 V——爱德华垂直思维与水平思维法
(vertical and horizontal thinking)

一、理论讲解一

英国心理学家爱德华·德·博诺博士在进行管理心理学的研究时提出了"水平思考"的概念①,水平思考法指换一个角度去思考某一件事。

二、该理论在广告中的运用

该理论运用在广告中即是指从其他角度用其他内容表达产品主题。该理论要求突破原有联系和旧有经验,通过类似联想、接近联想、因果联想和对比联想建立产品与相关事物之间不易发现但合情合理的联系。要寻找两种事物间不易发现的关联,就需要运用发散性思维进行思考,然后在众多事物中寻找两者之间的联系。若要用函数公式来表达,就是 $A = f(B)$,A 与 B 在某种情况下产生某种关联。水平思考要求打破常规,保持新颖独特,关键在于怎样用 B 表现 A,如图 2 – 22。

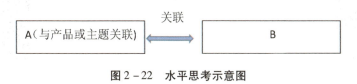

图 2 – 22　水平思考示意图

① 张金海,余晓莉. 现代广告学教程[M]. 北京:高等教育出版社,2010:123.

例如,爱华仕箱包的主题是"装得下,世界就是你的"。爱华仕(A)与什么相联系可以表达"世界就是你的"这一主题呢?世界地图、高山、大海、森林、大地……选择其中之一。如"爱华仕"与"广阔森林,鸟语花香"相关联,产生 B 与 A 的联结,于是出现了这样的画面:爱华仕箱包拉链拉开一半,看到"广阔森林,鸟语花香"。

三、水平思考法在广告中的实践

基于水平思考 A = f (B)的函数公式,要在广告主题和广告产品(A)之间建立关联,就需要找到能表现广告主题的 B,然后选取合适的艺术展现方式,尝试把 B 表现为多种艺术展现形式来传达 A。艺术展现方式是关键,可以采取形似、声似等多种视觉或听觉呈现方法,以加强广告产品(A)和 B 在受众心目中的联系。更多艺术展现方式详见案例分析。

创作步骤的划分:

第一步:对广告主题进行发散性思维,产生多种联想。

第二步:选取合适的意象即 B。

第三步:对意象进行贴合广告产品的艺术加工改造(重点),建立起广告主题和广告产品之间的水平联系。

案例分析:

(一)水平思维法:第 11 届全国大学生广告艺术大赛动画类一等奖作品《好茶花香宜茶时》①。

---

① 全国大学生广告艺术大赛组委会. 创意我飞跃:第 11 届全国大学生广告艺术大赛获奖作品集[M]. 北京:高等教育出版社,2019.

图 2 - 23　第 11 届全国大学生广告艺术大赛动画类一等奖作品《好茶花香宜茶时》（创作者：曾胜牧　指导老师：许安娇、曹阳）

图 2 - 23 中的广告作品运用了水平思维方式进行创意展现。该作品展现的产品是娃哈哈旗下一款名叫宜茶时的饮料，产品定位是自然清新的新式中国茶，核心卖点为茶引花香的清新组合。"自然清新""茶引花香"最直接的联想便是实物的茶叶与花骨朵。同时，创作团队结合产品名称"宜茶时"，分别选取代表春、夏、秋、冬的四种花，与宜茶时的四种饮料对应。创作团队通过画面的多种展现，如画面中饮料翻滚带出一串串花，使受众自动把四季清晰自然的花骨朵与宜茶时的四种饮料对应。创作团队采用了蒙太奇的剪辑手法：四种花沉入水中后，接着是四种饮料瓶盖翻上来，展现春、夏、秋、冬四字，加深受众对这二者的联系。

总体来说，该作品的水平思考简单直接，在视觉展现上自然流畅，用具体的花骨朵对应宜茶时饮料，同时表达了产品自然清新的定位和"茶引花香的清新组合"这个核心卖点。所以水平思考重在 $A = f(B)$ 中的函数表达，即艺术展现。

（二）水平思维法：第11届全国大学生广告艺术大赛平面类一等奖作品《如此丝滑》①。

图2-24 第11届全国大学生广告艺术大赛平面类一等奖作品《如此丝滑》

（创作者：彭治钧 指导老师：蒙萃桦）

图2-24采取了水平思考的方式。薇婷是一款脱毛膏产品，广告主题为"用薇婷，展现你的裸肌美"，核心卖点为脱毛彻底，以及使用后皮肤所具有的丝滑感受。裸肌美和丝滑效果能与什么相联系？在这个作品中，创作团队通过"丝滑"二字联想到滑板、滑雪和滑冰三种运动场景，这三种运动都具备顺滑的特质。该广告创意把这三种运动场景置于三个使用了薇婷脱毛膏的部位上，使薇婷产品与这三种运动相关联，尽显用户使用该产品脱毛后的丝滑感。

① 全国大学生广告艺术大赛组委会.创意我飞跃：第11届全国大学生广告艺术大赛获奖作品集[M].北京：高等教育出版社，2019.

水平思考抓住的是联想物与被联想物共同的特质,注重在视觉展现时将被联想物和产品进行有效的联结。

(三)水平思维法:第11届全国大学生广告艺术大赛平面类一等奖作品《拼图童年》①。

图2-25　第11届全国大学生广告艺术大赛平面类一等奖作品《拼图童年》
(创作者:罗桂阳　指导老师:胡慧)

图2-25运用了水平思维法。该作品贴合了娃哈哈AD钙"美好童年,缺一不可"的广告主题,表达娃哈哈AD钙陪伴着目标消费人群的童年,属于童年味道,旨在唤起年轻人的童年记忆。而与"美好童年"相关联的有什么?该创作团队想象丰富,联想了包括拼图、游泳、划船、骑车、爬行、玩沙子等在内的常见元素,并以欢乐玩耍的风格基调进行视觉展现。同时,创作团队也对"缺一不可"进行了水平思考,拼图缺了一块,缺的就是娃哈哈AD钙形状的那一块(在此把童年元素与产品相关联)。拼图要拼完整,那每一块都缺一不可,暗示了欢乐童

---

① 全国大学生广告艺术大赛组委会.创意我飞跃:第11届全国大学生广告艺术大赛获奖作品集[M].北京:高等教育出版社,2019.

年的拼图中,娃哈哈 AD 钙奶不可或缺,从而巧妙精准地传达了广告主题"欢乐童年,缺一不可"的内涵。

水平思考是一种在广告创意中常见的思维方式,也是在进行头脑风暴时经常被用到的。想要更好地发挥水平思考的作用,就要对文字有丰富的想象力,这是可以在日常实践中积累和训练的,例如多阅读散文、诗歌。

四、理论讲解二

垂直思维法是在一种结构范围内,按照顺序的、可预测的、程式化的方向进行思维,①由低到高、由浅入深、由上而下、符合逻辑的思考方法。垂直思考法不断追问下一步会怎么样。

五、垂直思维法在广告中的运用

如图 2 - 26,A = $f(C)$……即最后 A(产品或与主题相关的内容)用与 C 相关的情景或场景表达,省略号表示还可以用通过 C 追问下去的 D、E、F、G 等表达。如 VIVO 的主题是照亮你的美,美到什么程度呢(问题 A)? 美到让人注目还不够(回答 B),美到怎样让人注目呢(与 B 相关的问题)? 亮瞎眼、靓爆镜、美窒息、帅晕厥(回答 C)。所以,广告就用窒息和晕厥两种情境来表现主题"VI-VO 照亮你的美"。

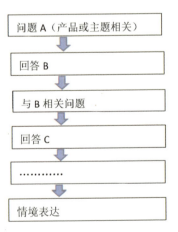

图 2 - 26 垂直思考示意图

---

① 丁邦清,程宇宁.广告创意:从抽象到具象的形象思维[M].长沙:中南大学出版社,2003:123.

六、垂直思维法在广告中的实践

基于垂直思维法的表达式 $A = f(C)$……，第一步——确定起点问题是关键，要分解广告主题，知道哪里值得深挖，往哪个方向深挖。这要求广告创意人员提前对品牌、产品、目标消费者等进行较深入的了解。在第二步要摆脱"直觉"思维，学会刨根问底。在第二步中很容易产生跳脱的"直觉"思维，例如从第一个问题直接跳到第三、第四个回答。因此，在这一步中一定要注意把垂直思考的逻辑链补齐，避免所得结果空洞、缺乏深意。在广告策划中，主题战略即核心创意的逻辑链条应严密、完整。垂直思维法没有无缘由的因，也没有无缘由的果。第三步便是艺术表达，关系着最后呈现的效果，需要认真处理。

创作步骤的划分：

第一步：明确起点问题，即回答创意要解决的品牌或产品营销问题。

第二步：刨根问底，层层深入，直到回答可以具象表达为止。

第三步：对最后的回答进行情境表达。

案例分析：

（一）垂直思维法：第 11 届全国大学生广告艺术大赛平面类一等奖作品《创意我编织 创意我无限》①。

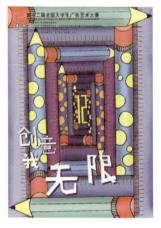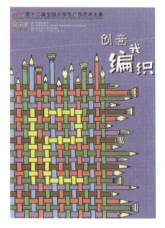

图 2 - 27 第 11 届全国大学生广告艺术大赛平面类一等奖作品《创意我编织 创意我无限》(创作者：秦晨晨 指导老师：彭娟)

---

① 全国大学生广告艺术大赛组委会.创意我飞跃：第 11 届全国大学生广告艺术大赛获奖作品集[M].北京：高等教育出版社,2019.

图 2-27 运用了垂直思维法。该作品旨在宣传第 12 届大学生广告艺术大赛。问题 A：大学生广告艺术大赛是一个什么样的比赛呢？回答 B：是给大学生展现广告创意的舞台。问题 B：这个舞台可以给大学生带来怎样的创意体验？回答 C：能够让大学生享受编织创意的乐趣，进行无限的创意想象。这时，表达已经很具象了："编织"和"无限"。

创作团队以平面视觉的方式对这两个词进行情境表达，"无限"由铅笔和尺子组成的类似俄罗斯套娃的无限画框来表达，不断向里缩小的画框暗示着创意无限。底部是届数"12"，与第 12 届大广赛相关联。"编织"则由画笔和铅笔形成的编织样式来表达，用颜色的变化突出"12"这个数字，暗示第 12 届大学生广告艺术大赛是创意编织的平台。垂直思维法的运用是帮助创意人员进行多层次思考、得到合乎逻辑的结果，最后用具体的情境表达对结果进行艺术展现，给受众一种出乎意料、但又合乎情理的惊喜感。

（二）垂直思维法：第 10 届全国大学生广告艺术大赛文案类三等奖作品《元气满满做自己》①。

元气满满做自己

【孩子篇】

作为孩子的你

今天一天的时间满满当当

要学琴，要学舞，要学书法

小小的忙碌的你

其实需要一瓶娃哈哈（大红枣枸杞芒果酸奶）

让你元气满满

迎接挑战

【学生篇】

作为学生的你

今天一天的时间满满当当

要背语文，要背生物，要模拟测验

---

① 全国大学生广告艺术大赛组委会. 创意我闪耀：第十届全国大学生广告艺术大赛获奖作品集[M].北京：高等教育出版社,2018.

不大的你,忙碌的你

其实需要一瓶娃哈哈(大红枣枸杞芒果酸奶)

让你元气满满

接受挑战

【工作篇】

作为刚工作的你

今天一天的时间满满当当

要培训,要开会,要高业绩

不成熟的你,忙碌的你

其实需要一瓶娃哈哈(大红枣枸杞芒果酸奶)

让你元气满满

享受挑战

(创作者:付帆　指导老师:黄鹏)

　　该文案调用了垂直思维法。起点问题为:我们具有不同的身份,为不同的事忙碌,如何让自己面对挑战呢?回答 B:要元气满满做自己。问题 B:如何元气满满做自己?回答 C:需要一瓶娃哈哈(大红枣枸杞芒果酸奶)。在这种思维下,这则文案把娃哈哈产品对应的三个消费群体及产品需求点融合在一起,条理非常清晰。

　　(三)垂直思维法:第 11 届全国大学生广告艺术大赛短视频类一等奖作品《大广赛,创意我欢喜》①。

图 2-28　第 11 届全国大学生广告艺术大赛短视频类一等奖作品《大广赛,创意我欢喜》(创作者:丁子凌　指导老师:方红峰)

① 全国大学生广告艺术大赛组委会.创意我飞跃:第 11 届全国大学生广告艺术大赛获奖作品集[M].北京:高等教育出版社,2019.

图 2-28 运用了垂直思维法。起点问题为第 12 届全国大学生广告艺术大赛可以给大学生带来什么？回答 B：带来崭新的想法。问题 B：当大学生有了崭新的想法时会有怎样的表现？回答 C：像个小孩子一样很兴奋。问题 C：小孩子很兴奋会有什么表现？回答 D：左右摇摆，探索周围，把自己的想法视若珍宝，顺便用一大口美味奖励自己。到这一步已经可以得出第 12 届全国大学生广告艺术大赛可以给大学生带来回归童年的新奇体验，享受到创意带来的纯粹欢乐。

该创作团队把最后的回答情境化：小朋友真实动人的表达配合贴合的文案与背景音乐，将思考结果形象化地呈现出来。

七、注意事项

水平思维法和垂直思维法的运用与修辞手法的运用不同，水平思维法和垂直思维法重在思考的过程，不知道最后所得到的结果如何，呈现的效果又如何；而修辞手法的运用以结果为导向，选定某个修辞手法并以此为导向进行创意设计，重在创意的结果。前者具有不确定性，但也有更大的发挥空间和更多原创的新奇创意；后者确定性更强，但稍有不慎便带有勉强的意味，变成通过生硬的拼接来达到想要的创意，呈现效果不尽如人意。所以在具体的创意实践中，我们需要多尝试、多实践，总结出一套适合自己的创意公式，并不断变革。

第四节　A——闵斯特伯格联想法（associative method）

一、理论讲解

高等动物只有在它产生的反应不仅能够针对当前刺激，同时也能针对过去刺激的时候，才能生存。[①] 如果感觉器官的反应已经结束，而感觉仍然存在，人就颠倒和混乱了，所以，反应或"后像"，依赖于中枢神经系统兴奋的延续。这种兴奋的延续，是产生心境和联想的基础。

联想的概念最早由亚里士多德提出来。在冯特建立实验心理学之后，人们

---

① 闵斯特伯格. 基础与应用心理学[M]. 邵志芳，译. 北京：北京大学出版社，2010：157.

用联想解释所有的心理现象。闵斯特伯格认为神经系统的后效是产生联想的基础。[①] 联想能够吸引人参与,引发联想的广告更能留下深刻印象。使人参与联想是提高参与度的一种方法,因此,在广告中考虑是否调动消费者的联想和如何调动消费者的联想非常重要。

二、该理论在广告中的运用

一般来说,人无意识地形成的联想有类似联想、因果联想、对比联想和接近联想四种。

1. 类似联想是指性质、特点、属性等具有相似性的事物容易产生联想。如果两个有属性或特性关联的印象作用于心理皮层结构,产生物理通道,那么其中一个印象再现时就会导致另一个印象再现。如 VIVO 手机广告画面是一个穿毕业服的女生,文案是"你努力的样子很美"。美有很多种,将外貌的美和心灵的美产生联结,调动的是受众的类似联想。

2. 因果联想是指有因果关系的事物容易产生联想。如果两个有因果关联的印象作用于心理皮层结构,那么其中一个印象再现时就会导致另一个印象再现。如"IH5,你的零代码就业神器",这句话调动了因果联想。为什么 IH5 是"零代码就业神器"? 原来是因为掌握了 IH5,就能够轻松就业。

3. 对比联想是指有对比关系的事物容易产生联想。如果两个对比印象作用于心理皮层结构,其中一个印象再现时就会导致另一个印象再现。

4. 接近联想是指时间或空间上接近的事物容易产生联想。如果两个印象同时或相继作用于心理皮层结构,那么其中一个印象再现时就会导致另一个印象再现。如用与旅行箱在空间上接近的飞机和火车来表达爱华仕箱包"装得下,世界就是你的"这一主题。

这四种联想是人类的共性。在这四种联想的作用下,人们能产生通义联想和共同理解。这也是联想法能使用的重要原因。

联想控制着人们的记忆、再现和重构。它为用再现方式填补当前经验的不足提供了无限可能。同时,由联想产生的每一次再现也成为再一次的中枢兴奋,而这又成为新联想的出发点。[②] 所以,当 A 的物理过程中伴随着感觉 a,而

---

① 闵斯特伯格. 基础与应用心理学[M]. 邵志芳,译. 北京:北京大学出版社,2010:53.
② 闵斯特伯格. 基础与应用心理学[M]. 邵志芳,译. 北京:北京大学出版社,2010:157.

B 的物理过程中伴随着感觉 b,其结果就是,当 A 的又一次兴奋直接引起 B 的又一次兴奋时,间接地,感觉 a 就导致感觉 b 的再现。① 在这四种联想的基础上,任意两个事物之间都可以直接或间接地建立联系。

在广告中,联想可以唤醒相同的感觉和知觉。印象唤醒的可能是一个联想丛,即有许多种联想同时发挥作用,具体的指向则依靠文字或文案确定。此时,联想丛中的其他内容被压制,而与产品或广告主题相关的联想被激活。

三、该理论在广告中的实践

创作步骤的划分:

第一步:明确产品要发散的核心卖点。

第二步:利用四种联想方法对产品卖点或广告主题方进行头脑风暴。

第三步:依靠画面、听觉或文案的确定指向,确定一个或一系列相关的联想,表现想法的魅力。

第一步是广告策略的关键。联想法的运用同样要基于产品和广告主题,尤其是要找准产品的独特卖点(即区别于竞争对手的独特属性),不能漫无目的而无所支撑。如果对某个品类的点进行联想,联想出来的创意也具备一个品类的共性,代入该品类的任何产品都可以,就不能对应我们所要服务的品牌。

第二步是广告创意的关键。这四种联想方式的联想方向不一样,但是所得到的结果是具有共性的,人们能对这些联想产生共同的理解。第一个类似联想的独特之处在于事物相似性的延伸;第二个因果联想的独特之处在于逻辑的线性关系可以向前溯源,也可以向后追溯;第三个对比联想的独特之处在于反向联想,以静衬动、以小衬大、以少衬多,等等;第四个接近联想的独特之处在于同一时间或同一空间内相互代替。时间上,看到绿芽会联想到春天,即绿芽能代表春天;看到枫叶会联想到秋天,即枫叶能代表秋天。空间上,看到老板、办公用品想到上班,看到学生想到校园。

第三步是广告效果的关键。有了想法还要进行清晰的文案表达或艺术的视听觉表达。抽象的思维通过画面(平面或视频)来展现,有些还需要相应的文案引导受众激活心理皮层结构。文案和画面相互配合能加强画面的感染力和

---

① 闵斯特伯格. 基础与应用心理学[M]. 邵志芳,译. 北京:北京大学出版社,2010:149.

受众的场景想象。广告策划也不例外,策划人员心中有了绝佳的点子之后,也要进行完整的逻辑推导,从洞察到想法到执行逐步进行叙述,把联想的合理性确定下来。

案例分析:

(一)类似联想:第13届全国大学生广告艺术大赛平面类一等奖作品《100年润发》①。

图2-29　第13届全国大学生广告艺术大赛平面类一等奖作品《100年润发》(创作者:张雨颖)

图2-29运用了类似联想法。100年润发的广告口号为"专植养护东方秀发",以此做相似性延伸并进行联想:植系养护,头发也犹如植物一般需要呵护才会茂盛生长。该创作团队在视觉上把头发与植物联结,用花朵点缀,形象地突出在使用100年润发产品后头发健康、天然的迷人状态;同时,结合洗完后头

① 全国大学生广告艺术大赛组委会.创意我发现:第13届全国大学生广告艺术大赛获奖作品集[M].北京:高等教育出版社,2021.

发呈现的轻盈效果,联想到好的头发也犹如波浪般水感丝滑,从视觉上把头发与海浪结合,突出使用 100 年润发产品后头发水润轻盈的效果。同时,三幅图片配上三个贴合产品的文案,激活了受众对头发与产品所具有的植系养护和水润丝滑功效之间的联想。

(二)类似联想: 第 13 届全国大学生广告艺术大赛平面类一等奖作品《甜蜜时刻,有我'箱'伴》①。

图 2-30　第 13 届全国大学生广告艺术大赛平面类一等奖作品《甜蜜时刻,有我'箱'伴》(创作者:张博、程帅贤　指导老师:刘志浩)

图 2-30 运用了类似联想。这三幅平面图的主题"甜蜜时刻,有我'箱'伴"旨在表达爱华仕箱包陪伴消费者出行能给予消费者随心、舒适、甜蜜的状态。创作团队借由"甜蜜"二字进行事物性质的相似性联想。糖果是最常见的形象表达,于是创作团队在视觉呈现上利用糖果包装纸暗示糖果包装纸里的是糖果,即受众会把平面图中被糖果纸包起来的不同颜色的爱华仕箱包联想成甜蜜

---

① 全国大学生广告艺术大赛组委会.创意我发现:第 13 届全国大学生广告艺术大赛获奖作品集[M].北京:高等教育出版社,2021.

的糖果,契合了主题。

(三)因果联想和类似联想:第13届全国大学生广告艺术大赛平面类一等奖作品《超乎想象的大象糖果箱》①。

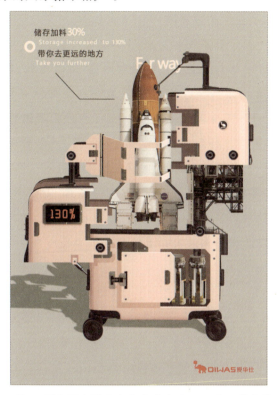

图2-31　第13届全国大学生广告艺术大赛平面类一等奖作品《超乎想象的大象糖果箱》(创作者:黄云昊　指导老师:江霞)

图2-31运用了因果联想法和类似联想法。爱华仕箱包的口号为"装得下,世界就是你的"。该创作团队在平面上把爱华仕拉杆箱设置成火箭发射装置,且配合文案表达"储存加料30%　带你去更远的地方",调动受众的因果联想。如何能到达更远的地方? 需要更多的燃料储备,而拉杆箱上130%的数据正展现了这一点。创作团队借因果联想法表达了爱华仕拉杆箱的坚固耐用,且契合"世界就是你的"这一广告主题。

同时"装得下"表达的是爱华仕拉杆箱容量大、抗压的特点,发射火箭的基

---

① 全国大学生广告艺术大赛组委会.创意我发现:第13届全国大学生广告艺术大赛获奖作品集[M].北京:高等教育出版社,2021.

地必然需要足够大的占地面积,创作团队从视觉上把二者的形象融合在一起,在创意上也借用了类似联想法。

(四)因果联想:第11届大学生广告艺术大赛长文案类二等奖京东便利店作品《京东便利店,我生活的暂停键》①。 文案如下:

京东便利店,我生活的暂停键

毕业之后,终于一切都要靠自己。房租水电,日常花销,人际交往,礼尚往来,还有被职场生活打乱节奏的手忙脚乱,我的人生好像突然被按了快进键。待我稍微整理好措手不及昏天黑地的自己,终于在天已黑透的下班路上发现那抹暖黄色的灯光。从此我得到一个可以喘息的角落,一个生活的暂停键。清晨一杯热咖啡,中午一个三明治,晚上买回家去慢慢享用的一份热便当;烈日炎炎下的冰可乐和新品雪糕,凛冽寒冬的热奶茶和关东煮;京东便利店玻璃门上的铃铛一响,我按下生活的暂停键;再一响,我已准备好拥抱挑战的自己。父母电话那头依旧传来叮咛,我已然没有报喜不报忧的口是心非。京东便利店,我生活的暂停键。

(创作者:孟圆乔　指导老师:谷征)

这则长文案运用了因果联想法。为什么京东便利店是"我生活的暂停键"?文案中提到京东便利店24小时营业,是"我"下班路上的一抹暖黄色的灯光。进去时便利店玻璃门上的铃铛响声仿佛是休息仪式开启的提示音。京东便利店能够为"我"提供热咖啡、热便当、冰可乐、新品雪糕、热奶茶和关东煮等便利餐饮,给予"我"喘息的空间,由此得出进入京东便利店,"我"可以暂且放松休息,然后重新出发。所以京东便利店是"我"生活的暂停键。

(五)因果联想:第11届全国大学生广告艺术大赛文案类二等奖作品《薇婷广告语》②。

露出来的美丽,藏不住的自信。

(创作者:康琦　指导老师:张锐)

这则广告语轻易地调动了受众的因果联想。"露出来的美丽"是果,因则是

---

① 全国大学生广告艺术大赛组委会.创意我飞跃:第11届全国大学生广告艺术大赛获奖作品集[M].北京:高等教育出版社,2019.

② 全国大学生广告艺术大赛组委会.创意我飞跃:第11届全国大学生广告艺术大赛获奖作品集[M].北京:高等教育出版社,2019.

薇婷产品的使用。"露出来的美丽"也是因,果则是"藏不住的自信"。该文案既表达了产品的功效,又从产品的功能层面上升到精神层面,句式对仗,语言精练。

(六)对比联想:第11届全国大学生广告艺术大赛文案类二等奖作品《花开十里不多,宜茶一杯刚好》①。文案如下:

花开十里不多,宜茶一杯刚好。

(创作者:王译钒 指导老师:何红艳)

这则文案运用了对比联想法。娃哈哈宜茶时的核心卖点是茶引花香的清新组合。中华文化博大精深,文字运用如果巧妙可言难言之意。例如,海子写的"面朝大海,春暖花开",虽不合逻辑(面朝大海,又怎么春暖花开呢?),但却让人有种清新怡然的暖意。这则文案调动了对比联想,也有这个意味,"花开十里"和"宜茶一杯"相对比,表明宜茶虽只有简简单单的一杯,但其中凝结的是十里花香,给消费者一种感受:仿佛每一杯宜茶时饮料,都蕴含着满满的花香,其中的茶饮花香之意便自显了。

(七)对比联想:第13届全国大学生广告艺术大赛音频类二等奖作品《什么是PH》②。

A:什么是PH?

B:PH? 偏好? 偏好甜食,偏好火锅,偏好香甜酸辣的一切美味……

A:嘿,PH哪儿有这么刺激? PH,平衡呀! 平衡你的重口饮食,平衡你的酸碱生活。

C:有偏好,更要平衡,PH9.0苏打水,守护健康体魄。

A:什么是PH?

B:PH? 排号? 领文件要排号,看医生要排号,赶飞机也要排号……

A:嘿,PH哪儿有这么复杂? PH,平缓呀! 平缓你的望眼欲穿,平缓你的急

---

① 全国大学生广告艺术大赛组委会.创意我飞跃:第11届全国大学生广告艺术大赛获奖作品集[M].北京:高等教育出版社,2019.

② 全国大学生广告艺术大赛组委会.创意我发现:第13届全国大学生广告艺术大赛获奖作品集[M].北京:高等教育出版社,2021.

躁焦虑。

C:有排号,更要平缓,PH9.0苏打水,成就简单生活。

A:什么是PH?

B:PH?彷徨?写不完的作业,改不完的方案,得不到的心上人……

A:嘿,PH哪儿有这么沉重?PH,配合呀!配合你的奋斗之路,配合你的寻爱之旅。

C:要配合,不要彷徨,PH9.0苏打水,陪你乐享人生。

(创作者:杨筱、占茵茵、黎志远　指导老师:蔡立媛、丛艳华)

这则音频运用了对比联想法。以"PH"为联想出发点,寻找了三组发音以"PH"开头的对比词:偏好和平衡、排号和平缓、彷徨和配合。经过形式统一的文案加工,这三组原本关系不明确的对比词建立了合理的逻辑关联,最后回归产品本身,契合了娃哈哈PH9.0苏打水的核心卖点。

创意来源于对生活细致入微的观察与共情。该系列广播的灵感来源于互联网热词"yyds"(永远的神),进而利用联想法,运用首字母对比创意传达产品卖点,突出娃哈哈PH9.0苏打水舒缓解压的功能卖点、陪伴青春的情感卖点。

对于广播广告作品而言,声音的质量十分重要,大家可以反复尝试,力求将最有表现力的声音剪辑到广播作品中。除此之外,背景音乐、整体节奏感也需要作者倾注心血。

(八)对比联想:第11届全国大学生广告艺术大赛文案类二等奖作品《小迷糊不迷糊》①。

青春或许迷糊,美丽绝不含糊。

(创作者:卢炜艳　指导老师:洪亮亮)

"迷糊"与"不含糊"的对比能够调动受众对自身青春和美丽的联想,旨在传达一种理念——处于青春期的迷茫的你,追求自己能把握住的美丽,指明了消费人群和消费需求。

(九)接近联想:第13届全国大学生广告艺术大赛平面类一等奖作品《你的

---

① 全国大学生广告艺术大赛组委会.创意我飞跃:第11届全国大学生广告艺术大赛获奖作品集[M].北京:高等教育出版社,2019.

能量加油站,解压游乐园》①。

图 2-32 第 13 届全国大学生广告艺术大赛平面类一等奖作品《你的能量加油站,解压游乐园》(创作者:邹灵韵、罗丽君 指导老师:宋志江)

图 2-32 运用了类似联想法和接近联想法。娃哈哈 PH9.0 苏打水饮品的产品调性为健康、清新、阳光、有活力。饮用场景分别是:

运动后流汗多——补充水分,身体解渴;

心情烦压力大——舒缓精神,平衡情绪;

大餐后吃太饱——解辣解腻,自在畅快。

该饮品适用的场景有运动后、烦躁时和吃饱后。围绕该产品的关键词为补充能量、放松畅快、阳光活力,创作团队以此进行类似联想。在属性上,补充能量可以联想到加油站,放松畅快可以联想到游乐园。在艺术表现上,如何把加油站、游乐园与娃哈哈 PH9.0 苏打水饮品巧妙地关联起来?该创作团队调动接近联想法,把 PH9.0 苏打水饮品直接变化为加油站和游乐园的基地,在受众的心理皮层结构留下印象,使受众看到该产品便能再现加油站和游乐园的场景,继而对产品代入这两者的属性。

在第一幅平面图上,创作团队把加油枪、闪电标识融入以娃哈哈 PH9.0 苏

---

① 全国大学生广告艺术大赛组委会.创意我发现:第 13 届全国大学生广告艺术大赛获奖作品集[M].北京:高等教育出版社,2021.

打水饮品为外观的房子中,并通过文案"你的能量加油站"暗示两者的关系。在第二幅平面图上,创作团队把旋转木马、滑滑梯融入以娃哈哈 PH9.0 苏打水饮品为外观的房子中,并通过文案"你的解压游乐园"暗示两者的关系。除此之外,这两幅图在细节处理上也很严谨,整个画面营造出阳光而有活力的氛围。

该平面作品生动又准确地突出了产品定位,在目标人群心中塑造了符合产品调性的个性形象。

(十)接近联想:第 13 届全国大学生广告艺术大赛平面类一等奖作品《逛义乌等于逛世界》①。

图 2-33　第 13 届全国大学生广告艺术大赛平面类一等奖作品《逛义乌等于逛世界》(创作者:韦香飞　龙燕清/指导老师:宋丽丽)

图 2-33 运用了接近联想法。创作团队围绕"逛义乌等于逛世界"的广告主题进行接近联想。在空间上能够调动受众对"世界"的印象的事物有各地的著名景点、各类交通工具、不同国家的服饰穿搭。在空间上能够调动受众对"义

① 全国大学生广告艺术大赛组委会.创意我发现:第 13 届全国大学生广告艺术大赛获奖作品集[M].北京:高等教育出版社,2021.

乌"的联想的事物是"中国义乌"的购物袋、品类丰富的小玩意儿。该创作团队用合理的艺术展现方法把这五种联想全部巧妙地融入三幅平面图中。

除此之外,创作团队在表现"逛"这个动作上也十分巧妙,在平面图的前景上以特写的方式把视觉聚焦在人的脚上。融合的视觉配上点睛的文案加强了受众对"逛义乌等于逛世界"这一广告主题的想象和认可。

(十一)接近联想:第13届全国大学生广告艺术大赛平面类一等奖作品《倾城》①。

图2-34　第13届全国大学生广告艺术大赛平面类一等奖作品《倾城》(创作者:任俊、高燕华　指导老师:李顺庆)

图2-34运用了接近联想法。100年润发品牌的口号是"专植养护东方秀发",该创作团队以"100年润发"和"东方秀发"在时间上进行接近联想,百年前的女性发型最能使人产生历史性和东方性联想。这三幅平面图主要展现了20世纪初女性的三种典型发型,同时舍弃了面部五官的展现,只模糊地留下同样特色鲜明的唇部,突出了这三种百年前发型不同的美:隽秀之美、婉约之美与时尚之美。总体来说,整个画面简洁、优美,对女性头发之美的展现令人耳目一新。

该创作团队所配的文案也简短有力,每幅图上仅写了四个字来表达不同发型的美,同时配上100年润发产品的核心卖点"水感轻盈　丝般柔滑",暗示受众这三种头发之美和100年润发洗护产品之间的联系。

---

① 全国大学生广告艺术大赛组委会.创意我发现:第13届全国大学生广告艺术大赛获奖作品集[M].北京:高等教育出版社,2021.

四、注意事项

这四种联想方式的运用可以为创意人员在进行头脑风暴时也就是运用水平思维法或垂直思维法时提供四种具体的联想方向,拓宽创意空间。想要灵活运用这四种联想方式,就要付出日积月累的努力:经历多次具体的实践练习,平常多留心观察日常生活(可以用手机备忘录或者随身携带的小便笺等形式,对日常迸发的创意想象、观察到的奇妙视觉表现或者偶遇到的温馨场景等进行记录),不断拓展自身的知识面。

第五节　G——格式塔心理学(gestalt psychology)

一、似动理论讲解

似动现象是指,两个相距不远、相继出现的视觉刺激物,呈现的时间间隔如果在 1/30 秒和 1/10 秒之间,那么我们看到的不是两个物体,而是一个物体在移动。例如,如果两台相似或相同的灯相距不远,时间间隔在 1/30 秒和 1/10 秒之间,那么我们就认为这不是两台灯,而是一台灯从 A 处移动到了 B 处。这种错觉是广告似动的基础。似动现象是格式塔心理学的内容之一。

二、似动理论在广告中的运用

似动现象在广告创意中的基本启示和运用就是:选择一个单元,不断重复,那么许多相同或相似单元的静止图片就具有了运动感。仿佛顺着相应曲线做平行移动或曲线移动。静止的图片具有运动感,则增强了广告的注意度,强化了记忆效果,这是"似动现象"运用的主要目的与意义。

三、似动理论在广告中的实践

创作步骤的划分:

第一步:明确需要强化的广告记忆点。

第二步:将记忆点进行类比联想,使其形象化。

第三步:打造该形象的似动现象,增强广告注意度。

第一步是广告策略的关键,需要从众多产品属性中提取关键卖点,即要向受众传达的产品的独特属性,从而选取其中一个卖点进行创意创作,明确广告要达成的目标:强化受众对该产品某一属性的记忆点。

第二步是似动理论运用的关键。广告的关键卖点通常需要一种更加形象的视觉表达,方便受众更好地理解、接受甚至被吸引。所以在运用似动理论前要先联想一个契合产品卖点的视觉形象。

第三步是似动理论实践效果的关键,需要创作人员掌握一定的设计技巧。具体的实践可以看下面的案例分析。

案例分析:

(一)似动现象:第 12 届全国大学生广告艺术大赛平面类一等奖作品《"京"显神通》①。

图 2 - 35　第 12 届全国大学生广告艺术大赛平面类一等奖作品《"京"显神通》(创作者:郑露依、胡旸　指导老师:徐成钢)

图 2 - 35 体现了人物的似动现象。在这幅平面图中,视觉的重心是形象为京东便利店的女店员。平面图上以极近的距离向受众展现了三个一样的女店员按圆弧做曲线运动,在视觉表达上营造了一种女店员在短时间内同时做三件

———————
① 全国大学生广告艺术大赛组委会.创意我热爱:第 12 届全国大学生广告艺术大赛获奖作品集[M].北京:高等教育出版社,2020.

事(包括寄快递、售卖产品、看资料),仿佛有三头六臂,给人一种女店员工作能力很强的视觉感受。这种视觉表达很好地强化了受众对京东便利店服务多样且快速的印象,这也是该平面作品想要达到的广告目标和效果。

"万千服务在京东,三头六臂显神通"就是该创作团队要明确加强的产品记忆点。明确第一步后,创作者通过京东女店员的三种服务行为和似动现象的视觉表达对该产品记忆点进行了生动形象的展现。

(二)似动现象:第12届全国大学生广告艺术大赛平面类二等奖作品《捧在手心的冰山水润》①。

图2-36　第12届全国大学生广告艺术大赛平面类二等奖作品《捧在手心的冰山水润》(创作者:王瑞、高怡　指导老师:王桂莉)

图2-36体现了水流的似动现象。在这两幅平面图中,我们首先会注意到手中的花朵、冰山以及从掌心溢出的清澈水流。落到地面上溅起的水花强化了水的流动形态,形成似动现象。

创作团队以"捧在手心的冰山水润"为主题,这也是创作团队想要向受众传达的产品核心卖点。"冰山水润"与"捧在手心"之间形成了一种对比,暗示了自然堂冰肌水这个护肤产品所蕴含的是运用高新技术进行浓缩提取的冰山精

---

① 全国大学生广告艺术大赛组委会.创意我热爱:第12届全国大学生广告艺术大赛获奖作品集[M].北京:高等教育出版社,2020.

华。明确产品的卖点后,该创作团队在视觉表达上联想到用冰山乃至冰山植物元素以及从手中溢出的水流对卖点进行形象化的表达,同时结合似动现象强化海报的记忆点,使文案表达与视觉策略合二为一,表现力十足。

(三)似动现象:第 12 届全国大学生广告艺术大赛平面类二等奖作品《"果"然无瑕》①。

图 2-37　第 12 届全国大学生广告艺术大赛平面类二等奖作品《"果"然无瑕》(创作者:张其勇　指导老师:史春艳)

图 2-37 体现了粉底液的似动现象。在这三幅平面图中,我们可以看到每幅平面图都有两处地方存在粉底液流动的现象:一处是在整个平面的上方;另一处是在平面中心的水果的上半部分。两处粉底液的视觉表达都模拟了粉底液这类液体往下流的状态,按垂直曲线做平行移动,形成了似动现象。

首先来看第一处粉底液的似动现象,平面的背景色是偏橙红的暗调,"流动"的粉底液遮住了平面的背景色——偏橙红的暗调,显现出自然无瑕的肌肤颜色,表现出自然堂粉底液提亮肤色的卖点。第二处粉底液的"流动"是这三幅平面图视觉传播的重心。该创作团队把有瑕疵、偏干、偏黄的脸部肌肤进行了类似联想,与梨子、哈密瓜、猕猴桃三种水果对应。"流动"的粉底液遮住了梨子的斑点、哈密瓜干燥的纹路和猕猴桃暗黄的表皮,巧妙地暗示了自然堂无瑕持妆冰肌粉底液"一抹柔焦少女肌"的核心卖点。

———————————

① 全国大学生广告艺术大赛组委会.创意我热爱:第 12 届全国大学生广告艺术大赛获奖作品集[M].北京:高等教育出版社,2020.

四、运用似动理论的注意事项

似动理论的运用一般不直接作用于核心创意,更多的是通过图片中的运动感强化受众的广告记忆点。同时似动理论的运用关键在于视觉表达,要求创作者对美术设计有一定的功底。

五、"图形—背景"理论讲解

格式塔也可以指一个分离的整体,用"图形—背景"这个概念来表述。一个人的知觉场始终被分成图形与背景两部分。"图形"是一个格式塔,是突出的实体,是我们觉察到的事物;"背景"则是尚未分化的、衬托图形的东西。人们在观看某一客体时,总是在未分化的背景中看到图形。重要的是,视觉场的构造是不时变化的。一个人看到了一个客体,然后又看到了另一个客体。也就是说,当人们连续不断地扫视环境中的刺激物时,种种不同的客体一会儿是图形,一会儿又成了背景。主体与背景不断交替和互换。

六、"图形—背景"理论在广告中的运用

广告中一张图片为 S,当以 A 为背景时,受众觉察到的是图形 B;当以 C 为背景时,受众觉察到的是图形 D。两次觉察到的主体图形与整体广告主题相同或相关:B + D = 广告主题或与广告主题相关。例如,VIVO 手机的广告画面上是"拍'首'叫好"四个字,"首"字用类似摄像头的画面虚化表达。当以背景色 A 为背景时,凸显的是"拍'首'叫好"四个字(B);当以字体外圈(C)为背景时,凸显的是中央部分的摄像头(D)。意思就是:VIVO 手机摄像头,拍"首"叫好。

人具有分离整体与部分的能力,以至于能理解广告作品的内涵,这可以用格式塔心理学中的"心物同型论"来解释。心物同型论假定脑内物理现象的秩序与心理现象的秩序之间具有同型关系。物理现象和生理现象都有同样的格式塔性质,因而它们都是同型的,有着对等关系。这种解决心物和心身关系的理论称为同型论。具体说来,同型论这个概念意指在体验环境中的组织关系时,个体产生了一个与之同型的脑场模型。[①] 这种脑场模型使个体趋于理解物理场中的秩序,而"图形—背景"可以理解为心物同型的一种。

---

① 考夫卡. 格式塔心理学原理[M]. 李维,译. 北京:北京大学出版社,2010:45.

七、"图形—背景"理论在广告中的实践

创作步骤的划分:

第一步:明确广告作品的广告主题。

第二步:对广告主题进行创意联想,明确要觉知的图形 B 和 D。

第三步:反推能突出 B 和 D 的背景 A 和 C。

基于"图形—背景"的表达公式是 B + D = 广告主题或与广告主题相关。创意联想的 B + D 是运用该理论进行广告创意实践时的关键。

案例分析:

(一)图形—背景:第 12 届全国大学生广告艺术大赛平面类一等奖作品《我的"美颜相机"》①。

图 2 - 38   第 12 届全国大学生广告艺术大赛平面类一等奖作品《我的"美颜相机"》(创作者:黄韵烨、黄业营   指导老师:班丽旋)

---

① 全国大学生广告艺术大赛组委会.创意我热爱:第 12 届全国大学生广告艺术大赛获奖作品集[M].北京:高等教育出版社,2020.

图2-38运用"图形—背景"这个概念。这三幅平面图的广告主题为:我的"美颜相机",自然堂冰肌粉底液。当以平面图的背景色粉色为背景时,受众会觉察到一位女孩,她的黑眼珠很大,脸上有斑点,肤色暗淡。当以女孩的面部及手的姿势为背景时,受众会觉察到形似相机的图形,同时觉察到长方形中女孩的无瑕美肌,其与长方形外带有瑕疵的皮肤形成鲜明的对比。那么对应广告主题,A+B即是瑕疵肌肤+美颜相机,对比明显,观众便会觉察到主题"美颜相机"的形象视觉表达,有利于强化受众对自然堂持妆冰肌粉底液"一抹柔焦少女肌"的核心卖点的认知。

(二)图形—背景:第12届全国大学生广告艺术大赛平面类一等奖作品《0卡0负担》①。

图2-39 第12届全国大学生广告艺术大赛平面类一等奖作品《0卡0负担》(创作者:邓婉 指导老师:黄志雄)

图2-39运用了"图形—背景"这个概念。这两幅平面图的主题是"0卡0负担,轻松上阵"。当以两幅平面图的背景色为背景时,受众会发现它是一个鸡蛋的形状,里面分别展现了男生和女生喜爱的各项运动,洋溢着青春美好的氛

---

① 全国大学生广告艺术大赛组委会.创意我热爱:第12届全国大学生广告艺术大赛获奖作品集[M].北京:高等教育出版社,2020.

围。第一幅平面图中的运动有骑行、踢足球、举杠铃、滑滑板和射箭。第二幅平面图中的运动有打篮球、引体向上、跑步、游泳和打太极。当受众以图案及里面的各项运动场景为背景时，受众会觉察到娃哈哈 PH9.0 苏打水的瓶体形状，对应了广告产品。那么 A＋B 即是青春有活力的运动氛围＋娃哈哈 PH9.0 苏打水这个产品，赋予娃哈哈 PH9.0 苏打水与广告主题相关的视觉形象，使消费者感知到该产品轻松无负担的产品属性和产品功能，同时助力娃哈哈品牌实现年轻化升级。

（三）图形—背景：第 12 届全国大学生广告艺术大赛平面类一等奖作品《黑糖奶茶的独特奥秘》①。

图 2-40 第 12 届全国大学生广告艺术大赛平面类一等奖《黑糖奶茶的独特奥秘》（创作者：冯晨晨、牛雅睿 指导老师：王桂莉）

图 2-40 运用了"图形—背景"这个概念。这两幅平面图的主题是"娃哈哈黑糖奶茶，甜进你的心田"。那如何来表现这个主题呢？该创作团队通过娃哈哈黑糖奶茶精选各产地原料的背景信息来表达。第一幅平面图呈现的是"精选肯尼亚优质红茶"的场景；第二幅平面图呈现的是"精选冲绳优质黑糖"的场景。

---

① 全国大学生广告艺术大赛组委会.创意我热爱：第 12 届全国大学生广告艺术大赛获奖作品集［M］.北京：高等教育出版社，2020.

当以两幅平面图的背景色为背景时,受众会觉察到娃哈哈黑糖奶茶的瓶体形状及瓶身中的场景。第一幅平面图的元素包括雪山、当地人的服装和肤色、长颈鹿和大象,对应的是优质红茶的原产地肯尼亚,场景是农民在采摘茶叶,飞机体现了运输方式——航运。第二幅平面图的元素包括海边、种植物、当地人的服装、灯塔,对应的是优质黑糖的原产地冲绳,场景是农民在收割甘蔗。当以娃哈哈黑糖奶茶瓶身和里面的场景为背景时,受众会觉察到创作团队附上的文案:"跋山涉水,不远万里,只为遇见最好的你。""漂洋过海,日夜兼程,只为邂逅最美的你。"文案又恰好是对瓶身场景的描述。那么 A + B 即是精选优质产地原料 + 对应文案表述,强化受众对娃哈哈黑糖奶茶产品可口美味的功能属性的认知,同时展现了产品背后的研发人员的细致与用心:付出了诸多精力精心挑选原料。

八、注意事项

"图形—背景"这个概念能够运用于广告实践的原因在于利用了人的"心物同型"的心理作用,强化受众对广告主题或与广告主题相关内容的记忆点。在运用该概念进行广告实践时,要注意对要表达的广告主题进行形象拆分,拆分后要在视觉上进行重点突出。

第三章　广告创意的具体执行

前面讲了如何进行具体的广告创意实践,这一章将专注于讲不同广告创意形式的具体制作过程,包括音频、视频和平面在内的三种参赛作品,旨在帮助学习广告学相关课程的同学学习这三种广告创意形式的制作。

这三种广告创意形式的表达方式不同,音频注重"听",视频是动态的"视听结合体",平面则是一种"视觉美学",所以它们的制作方法和注意事项也大不相同。

第一节　音频的整体制作

音频制作的基本步骤共有四步:编纂录音文字稿,寻找合适的配音人员,正式开始录音,音频的剪辑和后期制作。

一、编纂录音文字稿

写出有创意且适合广播表达的文案是音频创作的第一步。在进行广播文案创作之前就要考虑后续的音频制作流程的可行性:需要几位配音师? 声音的具体要求是怎样的? 制作难度是否在创作团队的能力范围之内? 因为我们并不是专业的音频制作团队,所以提前考虑、控制制作的难度是很有必要的。

撰写具体的广播文案前首先要明确广播的展现方式。广播的展现方式包括旁白式、伪记录式、自述式、对话式。

1. 旁白式:以第三方视角和标准的语调进行叙述,通常作为音频广告的结尾,直接表达品牌主张。

2. 伪记录式:伪真实地记录自然环境或者人文环境中的声音作为音频。这类声音通常作为音频的插入音,还原创作团队想要建构的环境或场景。

3. 自述式:以第一人称的视角讲述"我"的故事,一般通过产品的拟人形象讲述内心独白来表现产品的卖点,或者从消费者的视角讲述打动人心的故事,凸显广告主题。

4.对话式:由两个或两个以上的人进行对话。这是音频广告的主要方式,能够生动有趣地表现广告主题。

在历届大学生广告艺术大赛的广播类获奖作品中,以这四种展现方式为主的作品,占极大比例。

案例分析:

(一)旁白式:第11届全国大学生广告艺术大赛广播类二等奖作品《三重体验》①。

火焰(燃烧的声音)

冰爽(加冰块的声音)

快感

一种选择,三重感受

杜蕾斯 intense

(创作者:吴金昊、陈静、金璐瑶　指导老师:杨竞豪)

这则广播文案全程采用第三方视角的旁白式展现方式,配上融合的背景音,营造出优雅、迷人、暧昧的产品形象,强化受众认知。这种全部采用旁白式展现方式的广播,对配音人员的要求以及音频的后期剪辑技术的要求都较高。

(二)旁白式:第11届全国大学生广告艺术大赛广播类一等奖作品《义乌不扫,何以扫天下》②。

古人云,一屋不扫,何以扫天下?

旁白:来世界小商品之都,扫一屋就是扫天下。

(创作者:汤皓添、孙柯柯)

这则广播文案的最后一句采用了标准式结语,以产品广告语收尾,与之前的广播内容照应,且通过旁白起到凸显产品、传达产品核心卖点的作用。

(三)旁白式＋对话式:第11届全国大学生广告艺术大赛广播类一等奖作

---

① 全国大学生广告艺术大赛组委会.创意我飞跃:第11届全国大学生广告艺术大赛获奖作品集[M].北京:高等教育出版社,2019.

② 全国大学生广告艺术大赛组委会.创意我飞跃:第11届全国大学生广告艺术大赛获奖作品集[M].北京:高等教育出版社,2019.

品《我"要"这个 AD 钙奶》①。

> 小女孩:我要吃冰激凌,草莓的。
>
> 妈妈:吃冰激凌肚肚疼,别乱跑,等一会儿。
>
> 小女孩:妈妈,这个是糖糖。
>
> 妈妈:对的。
>
> 小女孩:妈妈,这个是阿哥带奶。
>
> 妈妈:这个是 AD 盖奶。
>
> 小女孩:啊,ade 盖奶。
>
> 妈妈:它是 AD 钙奶。
>
> 小女孩:哇,这个看起来好好喝,我要这个。
>
> 旁白:童年的味道,AD 钙奶。

(创作者:朱祖琪、王宇航　指导老师:焦文静)

这则广播同样采用了旁白式的展现方式,用旁白作为音频的结尾。这样有两个好处:一是通过标准的第三方声音提醒听众这则广播到此结束了;二是回应之前的广播内容,表达广告主题。

(四)伪记录式 + 对话式 + 旁白式:第 11 届全国大学生广告艺术大赛广播类一等奖作品《别在信息时代落下父母》②。

> 旁白:你有想过爸妈现在的生活吗?
>
> 机器声:请出示付款码。
>
> 店员:大爷,我扫您。
>
> 大爷:这个我可不会,你们年轻人的东西我可搞不来。
>
> 机器声:请选择支付方式。
>
> 机器声:请王建国到第二诊室就诊。
>
> 机器声:请选择需要打印的车票。
>
> 机器声:支付宝到账,微信收款。
>
> 旁白:当我们迈进便捷的信息时代,别忘了牵上爸妈,不要在信息时代落下

---

① 全国大学生广告艺术大赛组委会.创意我飞跃:第 11 届全国大学生广告艺术大赛获奖作品集[M].北京:高等教育出版社,2019.

② 全国大学生广告艺术大赛组委会.创意我飞跃:第 11 届全国大学生广告艺术大赛获奖作品集[M].北京:高等教育出版社,2019.

他们。

（创作者：陈冰纯、柯诗华　指导老师：黄秋尘）

这则广播采用了音频的三种展现方式，以伪记录式为主。这在大学生广告艺术大赛获奖的广播类作品中是比较少见的。这里大量运用了信息时代生活中常见的机器提示声，如购物、就医、买车票等场景音，营造了当下便捷的机器操作遍布我们生活的方方面面的场景感。这种场景感的营造有利于传达创作团队想要表达的公益主题：对乐于接受新事物的年轻人来说，这些机器自然是便利快捷的，但老人要如何与这个新时代和这些新事物共处呢？这是我们年轻一代要深思并且要付出行动去解决的重要问题。

（五）伪记录式＋旁白式：第 11 届全国大学生广告艺术大赛广播类二等奖作品《一秒钟》①。

这是一秒钟的事，

（背景音：手机提示音响起）

这也是一秒钟的事，

背景音（车辆碰撞出车祸的声音）

这一秒意味着汽车无人驾驶了 15 米，

这一秒发生事故的概率，提升了 23 倍。

这一秒是一条生命、两个家庭的代价。

珍爱生命，开车请勿使用手机。

（创作者：梁斌、王彪　指导老师：王涛）

这则同样是公益广播，插入的背景音都是伪记录式的，一段是手机的消息提示音，一段是车辆碰撞出车祸的声音。插入这两段伪记录式声音的目的是为了对应广播文案"一秒钟的事情"，通过营造开车时使用手机可能引发车祸的真实感，警示众人开车时不要使用手机。虽然只分神短短的一秒钟，但出意外也只需要一秒钟，而可能造成的后果却不堪设想。

（六）自述式：第 11 届全国大学生广告艺术大赛广播类一等奖作品《天生有

---

① 全国大学生广告艺术大赛组委会.创意我飞跃：第 11 届全国大学生广告艺术大赛获奖作品集［M］.北京：高等教育出版社,2019.

趣,万物皆可娃哈哈》①。

一、

准备一个漂亮的红酒杯,

将娃哈哈徐徐倒入杯中,

微微醒上些许时间,

(背景音:秒针走表的声音)

一杯味道醇厚的奶酒做好了。

天生有趣,万物皆可娃哈哈。

二、

准备一个冰箱,

将娃哈哈放入冰冻后取出捣碎,

一碗夏日必备的奶味刨冰就做好了。

天生有趣,万物皆可娃哈哈。

三、

准备一个柠檬,

切片后放入适量的娃哈哈中,

充分搅拌,

一杯柠檬精专注柠檬果奶就做好了,我酸了。

天生有趣,万物皆可娃哈哈。

(创作者:王亚楠　指导老师:沈铁鸣)

该系列广播采用了消费者自述的方式,讲述了娃哈哈 AD 钙奶三种不同的饮品制作方式。自述式带有一种生活感和亲切感,有利于拉进与听众的距离。同时,娃哈哈 AD 钙奶饮品的不同制作方式也传达了产品"天生有趣,万物皆可娃哈哈"的广告主题。

(七)自述式:第 11 届全国大学生广告艺术大赛广播类一等奖作品《过家家》②。

---

① 全国大学生广告艺术大赛组委会.创意我飞跃:第 11 届全国大学生广告艺术大赛获奖作品集[M].北京:高等教育出版社,2019.
② 全国大学生广告艺术大赛组委会.创意我飞跃:第 11 届全国大学生广告艺术大赛获奖作品集[M].北京:高等教育出版社,2019.

童声:我们来玩儿过家家吧,现在我是妈妈,你要听我的话。

别闹,去拿手机自己玩儿。

别吵,我去找你爸爸。

哭什么哭,王叔叔逗你玩儿呢。

我要去上班啦,我把门反锁,你自己要好好待在家。

当父母不是过家家,抚养责任你真的尽到了吗?

(创作者:杨咏文、符迈予　指导老师:张新华)

这是一则童声叙述的公益广告,从孩童的视角讲述了父母不尽责的养育方式。孩子以扮演妈妈的方式讲述日常生活中妈妈种种不负责任的表现,以稚嫩的童声自述孩童遭受的糟糕经历,这种对比与反差可以带给听众极大的震撼与反思。

(八)自述式:第11届全国大学生广告艺术大赛广播类一等奖作品《这次,真的没关系》①。

女声:第一次给他买衣服,袖子短了,他说没关系,穿里面别人瞧不着。

第一次给他买裤子,腰围大了,他说没关系,马上得囤积脂肪过冬了。

第一次给他买球鞋,磨破了脚后跟,他说没关系,多穿几次就变软、变舒适了。

这一次超紧超贴合,他说这次真的没关系。杜蕾斯。

(创作者:周颖　指导老师:刘玲玲)

这是从女性消费者的视角进行自述的广播文案,在拉近与目标消费者的距离时,传达了产品的核心卖点。

(九)对话式+旁白式:第11届全国大学生广告艺术大赛广播类一等奖作品《新喜剧之王》②。

男声:喂!

女声:干什么啊?

男声:去哪里啊?

女声:毕业了当然上班咯。

---

① 全国大学生广告艺术大赛组委会.创意我飞跃:第11届全国大学生广告艺术大赛获奖作品集[M].北京:高等教育出版社,2019.

② 全国大学生广告艺术大赛组委会.创意我飞跃:第11届全国大学生广告艺术大赛获奖作品集[M].北京:高等教育出版社,2019.

男声:不上班行不行?

女声:不上班你养我啊?

男生:喂,我养你啊。

女声:你先管好你自己吧,傻瓜。

男声:我在学校里开一家京东便利店,我当老板,娶你当老板娘,我养你咯。

女声:谁要你养啊,一起奋斗吧。

旁白:京东便利店和你一起奋斗的理由。

(创作者:刘思雨、盛乡雪、马雯娜　指导老师:张蕊、唐娟)

对话式是广播类获奖作品的常用方式。一件作品想要从众多广播作品中脱颖而出就要有自己的创意和亮点。这则广播文案前面采用了电影《喜剧之王》中的经典对白。这段对话家喻户晓且带给听众一种熟悉感,能吸引听众继续往下听,在最后联结产品并点出想要表达的广告主题。整个文案水到渠成。

(十)对话式+旁白式:第11届全国大学生广告艺术大赛广播类一等奖作品《特工》①。

女声1:总部总部,白茶已经顺利完成补水任务。

女声2:总部,水油已经平衡,山茶完成任务。

男声:总部总部,这里是绿茶,我的任务已经完成,肤色已经提亮了。

女1:简单小迷糊,天然水透肌。粉刺小迷糊鲜颜多效小彩膜小分队圆满完成水透肌任务。

(创作者:周静馨、万长怡、潘鑫　指导老师:金柳、许莹)

这段对话式广播文案采取了情景演绎的方法。三名特工分别代表小迷糊面膜中的植物成分——白茶、山茶和绿茶,完成小迷糊面膜的水透肌任务,最后和总部报告,表示任务完成。这则广播通过拟人的手法形象地表达了小迷糊鲜颜多效小彩膜的功效和卖点。

(十一)对话式:第11届全国大学生广告艺术大赛广播类二等奖作品《成就你的学霸梦》②。

---

① 全国大学生广告艺术大赛组委会.创意我飞跃:第11届全国大学生广告艺术大赛获奖作品集[M].北京:高等教育出版社,2019.

② 全国大学生广告艺术大赛组委会.创意我飞跃:第11届全国大学生广告艺术大赛获奖作品集[M].北京:高等教育出版社,2019.

男声1：讲你又不听，听你又不懂，懂你又不做，做你又做错，错了你又不懂，不懂你又不问，不问你又不改，不改你又接着做，你叫我怎么办？

男声2：以前没得选，现在我想做个学霸吧。

男声1：那就去课工场，随时随地想听就听，想问就问，想改就改，想不懂都难，想错都不行。

（创作者：张雨露、王家波、宋耀　指导老师：张媛媛、谢磊）

这则音频文案借鉴了经典电影《无间道》中的对白进行对话式展现。电影中的黑帮卧底说："以前没得选，现在我想做个好人。"但是他没有回头的机会，因为错误已经酿成。而这个广播文案传达的意思是"之前不会的东西现在都有机会补救，课工场给你这个机会"，有趣地表现了产品利益点。

二、寻找合适的配音人员

文案固然重要，但广播类作品最终还是要落在声音的表达上。声音是否契合文案关系着广告最终的呈现效果，所以根据最终想要呈现的效果精心挑选合适的配音人员很重要。

寻找配音人员的途径有以下几种：

第一，亲人、朋友和同学。

第二，线上付费渠道。社交平台上有很多播音主持专业的人或专业配音演员接单。

第三，机器合成音。可以下载相关的 App，里面有多种声音类型的机器主播可供选择。

确定合适的配音人选前记得先试音，确保后续步骤按计划进行。

三、正式开始录音

在音频文案和录音人员都确定后，就可以开始准备正式录音了。

第一步：准备好录音设备，如可以连接手机的麦克风设备，保证音质符合要求。

第二步：找到安静的空间进行录音，减少杂音录入。

在录音时要注意录音前后都要留下空挡，保证录音完整。同时可以多录几条，方便后期剪辑时挑选。

四、音频的剪辑和后期制作

到了剪辑这一步,我们可以用电脑的 Pr 软件或剪映软件单独剪音轨,最后也可以单独导出音频,具体的教学步骤可以上 B 站搜索。

其他手机剪辑 App 一般难以单独剪辑音轨,或者需要专门付费。App 一般自带背景音,音频制作人员可自行选择。

第二节　视频的整体制作

视频作品的参赛类别一般分为三种:影视广告、微电影广告和短视频广告。整体制作步骤一共分为五步:前期策划,写视频脚本,协调好拍摄设备、场地和演员,正式开拍,后期剪辑。

一、前期策划

影视广告、微电影广告和短视频广告是三种风格的视频。创作人员要先确定参赛的视频类别,然后再想好视频创作思路,在进行创作时要考虑到视频制作的可行性。

(一)影视广告

在视觉传播发达的当今社会,影视广告是非常奏效的信息传播方法之一。影视广告传播上高精度化,追求画面的唯美以及广告的宣传作用。[1] 从本质上来讲,影视广告综合了电视广告和电影广告,将两者的创作手法和表现语言整合后形成了新的制作方法,集合了电视广告和影视广告的优点。[2]

影视广告主要包括以下五种结构形式:

(1)以商品形象为主,与解说及音乐相结合的结构形式;

(2)以模特演示为主,与商品特点、解说、音乐相结合的结构形式;

(3)以人物、情节为主,与商品特点、语言、音乐相结合的结构形式;

(4)以动画为主,与商品特点、音乐、解说相结合的结构形式;

(5)以儿童为主,与歌唱、旁白、音乐相结合的结构形式。

---

[1] 张冠男.影视广告的设计与创新[J].青年记者,2011(7Z):108.

[2] 韦苑.影视广告中的视觉表现形式研究[J].西部广播电视,2019,(12):104 – 105.

（二）微电影广告

微电影广告作为新媒体时代背景下诞生的一种新型广告形式，时长通常在30秒和30分钟之间，主要采用电影蒙太奇的拍摄手法以增强广告的故事性和艺术性，并借助社交媒体平台、视频网站等新媒体进行传播，从而实现品牌形象、产品理念的推广和渗透，由此激发受众的购买欲望。[①]

对于微电影广告，在前期策划中要考虑微电影的故事情节是否具有吸引力，从而达到微电影广告的传播目标。在前期策划时可以多欣赏业界经典的微电影广告片，学习它们的优秀之处。

（三）短视频广告

从广义的角度来说，短视频广告指的是以短视频平台为主要场地的一种广告形式；从狭义上来讲，短视频广告是指各种在网络平台上投放的广告。它有四个突出特征：第一，人群定位准确；第二，互动性高；第三，传播更宽泛；第四，可以达到理想的传播效果。[②]

相较于影视广告和微电影广告，短视频广告的创意形式更多变。

二、写视频脚本

视频脚本一般分为八个模块：镜号、景别/构图、运镜、文案、时长、转场、画面内容、备注，其余模块可以根据自己的拍摄需求再进行补充。视频脚本的模板如表3－1所示：

表3－1　视频脚本模板

镜号	景别/构图	运镜	文案	时长	转场	画面内容	备注
1							

（1）镜号：一个镜号代表一个镜头，包括切换至下一个镜头之前所需的镜头内容、语言和技巧等。

（2）景别/构图：分为全景、远景、中景、近景和特写。

（3）运镜：分为固定镜头和推、拉、摇、移四种运镜方式。非专业摄制人员在

---

① 孙浩睿.新媒体时代微电影广告的传播策略[N].中国电影报,2022－11－09(11).
② 张茜.新媒体时代短视频广告营销的创新策略探析[J].老字号品牌营销,2023(6)：24－26.

前期策划时尽量考虑使用固定镜头。

(4)文案:包括人物对白、旁白、字幕等。

(5)时长:一个镜头的时长,除去长镜头和快闪镜头,以3—4秒为主。

(6)转场:有多种转场方式可供选择,切记勿用花里胡哨的转场,以保证画面的整洁性。常用的转场方式是"切"。

(7)画面内容:对一个镜头所要拍摄的内容进行说明。

(8)备注:补充说明。

三、协调好拍摄设备、场地和演员

拍摄设备:包括摄影机、收音设备、三脚架、设备电池、反光板等。

场地:在前期策划时要多选用周边可见的生活化场景,减少场地租赁成本。

演员:身边的朋友、家人、同事、同学或其他工作人员都是可以考虑的对象,在前期策划时要考虑到演技难度,控制表演难度。

四、正式开拍

正式开拍要注意采光和布光。在室外拍摄时最好选择光线充足的时间阶段。在室内拍摄时要注意布光(是顺光、逆光、测光还是顶光),要根据镜头调整好光再进行拍摄。

拍摄时保证每段画面超过五秒,方便后期剪辑。

五、后期剪辑

在拍摄完成之后,首先要对素材进行整理,随后导入 Pr 进行视频的粗剪。剪视频之前要先挑选一些合适的音效和背景音乐,为后期制作做准备。在粗剪之后,就要进行精细剪辑并加上一些转场特效。①

---

① 胡心馨,罗世晟.影视广告制作中数字媒体技术中的调色与剪辑研究[J].声屏世界,2023(03):74-76.

第三节　平面的整体制作

平面的整体制作需要用到一些专业的软件,如 Ps、Ai,如果不太会使用可以借助一些可商用的平面设计网站,如稿定设计、可画、即时设计、创客贴等,也可以在一些网站上寻找创意灵感或寻找一些素材,如花瓣网、千图网等。

非设计专业的人难以在短时间内进行高难度的平面设计制作。下面将列出一些创意十足、制作难度相对较低的平面类获奖作品供大家参考。

案例分析:

(一)第 12 届全国大学生广告艺术大赛平面类三等奖作品《change》①。

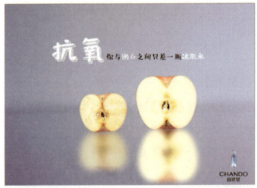

① 全国大学生广告艺术大赛组委会.创意我热爱:第 12 届全国大学生广告艺术大赛获奖作品集[M].北京:高等教育出版社,2020.

图 3-1　第 12 届全国大学生广告艺术大赛平面类三等奖作品《change》(创作者:向川子　指导老师:张英杰)

(二)第 12 届全国大学生广告艺术大赛平面类三等奖作品《冰肌水——行云流水》①。

图 3-2　第 12 届全国大学生广告艺术大赛平面类三等奖作品《冰肌水——行云流水》(创作者:熊茹淇　指导老师:郭晶)

---

①　全国大学生广告艺术大赛组委会.创意我热爱:第 12 届全国大学生广告艺术大赛获奖作品集[M].北京:高等教育出版社,2020.

（三）第12届全国大学生广告艺术大赛平面类三等奖作品《冰肌水》①。

图3-3　第12届全国大学生广告艺术大赛平面类三等奖作品《冰肌水》（创作者：陈旭龙、张鑫鑫　指导老师：李长福）

（四）第12届全国大学生广告艺术大赛平面类三等奖作品《感受得到的喜马拉雅》②。

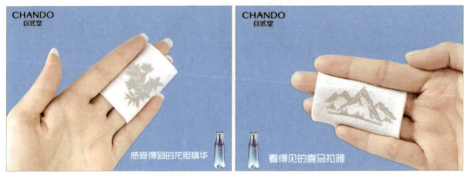

图3-4　第12届全国大学生广告艺术大赛平面类三等奖作品《感受得到的喜马拉雅》（创作者：张静宜、张标　指导老师：许洁）

---

① 全国大学生广告艺术大赛组委会.创意我热爱:第12届全国大学生广告艺术大赛获奖作品集[M].北京:高等教育出版社,2020.

② 全国大学生广告艺术大赛组委会.创意我热爱:第12届全国大学生广告艺术大赛获奖作品集[M].北京:高等教育出版社,2020.

（五）第12届全国大学生广告艺术大赛平面类三等奖作品《天天都是安全期》①。

图3-5　第12届全国大学生广告艺术大赛平面类三等奖作品《天天都是安全期》(创作者:孙蕊　指导老师:张镭)

（六）第12届全国大学生广告艺术大赛平面类三等奖作品《换一个角度看小杜》②。

图3-6　第12届全国大学生广告艺术大赛平面类三等奖作品《换一个角度看小杜》(创作者:赵春燕　指导老师:赵浩)

①　全国大学生广告艺术大赛组委会.创意我热爱:第12届全国大学生广告艺术大赛获奖作品集[M].北京:高等教育出版社,2020.

②　全国大学生广告艺术大赛组委会.创意我热爱:第12届全国大学生广告艺术大赛获奖作品集[M].北京:高等教育出版社,2020.

（七）第 12 届全国大学生广告艺术大赛平面类二等奖作品《打破弹幕重新上路》①。

图 3 – 7　第 12 届全国大学生广告艺术大赛平面类二等奖作品《打破弹幕重新上路》（创作者：方嘉能）

---

① 全国大学生广告艺术大赛组委会.创意我热爱：第 12 届全国大学生广告艺术大赛获奖作品集［M］.北京：高等教育出版社，2020.

策 划 篇

第四章　广告策划概述

第一节　广告策划的概念与应用

一、广告策划的概念

广告策划是广告公司内部业务运作的一个重要环节,是现代广告运作科学化、规范化的重要标志之一。一个成功的广告活动,离不开精心的广告策划。面对市场生存环境的不断变化,策划者要想做一个成功的广告策划,就必须对广告策划的相关概念有所了解。到目前为止,广告策划尚处于发展和完善阶段,理论界对广告策划的定义众说纷纭。

黄升民、段晶晶在《广告策划(第三版)》一书中,将"广告策划"定义为"根据广告主的营销计划和广告目标,在市场调查的基础上,制订出一个与市场情况、产品状态、消费群体相适应的经济有效的广告计划方案,并加以评估、实施和校验,从而为广告主的整体经营提供良好服务的活动"[①]。

王吉方在《现代广告策划实务》中表示"广告策划有宏观和微观之说。宏观广告策划又叫整体广告策划。微观广告策划又叫单项广告策划"[②]。

滕红琴在《广告策划一本通(第二版)》一书中强调"广告策划是对广告活动的全局性规划和安排,但广告策划绝不能凭空臆造、随意进行,而必须依据特定的市场状况、消费心理和产品的特点等来作出科学的安排"[③]。

通常我们可以认为,广告策划是指广告策划者根据广告主的营销战略目标,通过周密系统的市场调查与分析,运用原有的知识储备与创意方法,对广告整体战略与策略的运筹规划。它以科学、客观的市场调查为基础,以富有创造性和效益性的定位策略、诉求策略、表现策略、媒介策略为核心内容,以具可操作性的广告策划文本为直接结果,以广告活动的效果调查为终结,追求广告活

---

① 黄升民,段晶晶.广告策划:第三版[M].北京:中国传媒大学出版社,2018.

② 王吉方.现代广告策划实务[M].北京:电子工业出版社,2009.

③ 滕红琴.广告策划一本通:第2版[M].北京:广东旅游出版社,2019.

动进程的合理化和广告效果的最大化。

二、广告策划的概念应用

广告策划者在运用广告策划的概念从事广告策划活动时,既要体现出广告策划的基本特征,又要清晰地把握活动的策划方向,做出对客户的产品和服务市场有针对性、有意义的广告策略。清晰准确地把握活动的策划方向不是凭空臆想的,而是要准确洞察消费者,采访、观察消费者的真实生活与产品的关系。例如,去商店看他们如何购买东西,买什么东西,去他们常去的餐厅吃饭,去他们常去的酒吧喝酒,等等。广告策划者要尽可能细致地观察消费者,并与消费者进行交谈。有充足的证据表明:与消费者更相关的广告才更有效,杰出的广告必定有一个清楚的消费者洞察。消费者生活的真实与品牌的真实之间的交汇点,可用来创建两者之间的联系,而对人的行为或情感的呈现,可用来建立品牌。例如,某品牌曾经与体育员工合作,发布了一系列名为"发现你的伟大"(Find Your Greatness)的广告。这些广告向观众展示了来自世界各地的平凡人的故事,以及他们如何通过运动克服自己的障碍。这些广告让人们觉得它不仅仅是一个体育品牌,更是一个鼓励人们克服困难的品牌。

在广告策划中,除了可以通过与消费者分享故事建立品牌与消费者之间的情感联系,还可以通过寻找消费者的痛点,建立品牌与消费者之间的情感联系。例如,第20届上海国际大学生广告节中获得纽西之谜命题组二等奖的作品《涂最野的面膜,熬最 yeah 的夜》,就在运用广告策划的概念基础上,针对 Z 世代的朋克养生方式,深入挖掘消费者的痛点——熬夜是不健康的、痛苦的,但是现实中大部分人不得不熬夜努力工作、学习、生活等。策划团队在洞察到消费者的这一痛点之后,打造了一种"适合夜晚生活"的面膜,传达了品牌对 Z 世代的认同——"熬夜并不可怕,可怕的是在夜晚没有照顾好自己",提升了纽西之谜面膜在该群体中的知名度、美誉度、影响力,增加了产品的销量。

近年来,随着新媒体环境与市场环境的不断发展变化,广告策划业务的内涵也不断变化与发展。广告策划从本质上更加关注如何助力产品在市场上生存,关注如何更有效地建立信息的传播方法①。特别是社交媒体出现后,消费者

———

① 黄升民,段晶晶.广告策划:第三版[M].北京:中国传媒大学出版社,2018.

图4-1　第20届上海国际大学生广告节纽西之谜命题二等奖作品《涂最野的面膜,熬最 yeah 的夜》(创作者:郑毓媛、郭梦妍、叶昱辰　指导老师:郭翀)

掌握了话语权并形成了自组织,接触媒体信息的方式与频率发生了相应的变化,因此广告策划的工作方法与策略也在不断发展和变化,运作方式也随之发生变化。

在新媒体环境下,我们可以通过新媒体工具对广告进行策划,创造性地发挥广告的创意潜力、媒体的使用潜力,并在此基础上对广告的整体战略进行运筹规划。例如,在《维 E 不足,请充“植”——卡尔顿植系营销策划案》这一案例中,创作者以卡尔顿新推出的植系系列产品为策划对象,前期针对卡尔顿进行市场调研、竞品分析以及人群调研等以洞察市场的发展点,打造维生素 E 的“健康食品”概念,利用“社交媒体曝光 + KOL + 内容平台”激活用户,通过“线上 + 线下扩散曝光”等一系列营销事件完成卡尔顿品牌的设计与社群打造,短时间内让品牌曝光度最大化,实现流量的成功变现,最终获得了 2021 年创意星球学院奖秋季创意征集活动中的企业类金奖。该广告策划案在运用广告策划的概念上,创造性地发挥媒体的使用潜力,既提高了品牌的认知度,与目标消费者建立了情感联系,又增强了卡尔顿与用户群体之间的黏度。

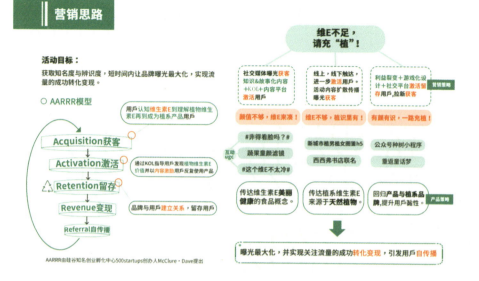

图 4-2 《维 E 不足，请充"植"——卡尔顿植系营销策划案》(创作者：杜逸媛　指导老师：蔡立媛)

第二节　广告策划的内容

广告策划要对整个广告活动进行全面的策划，因此它包括的内容十分广泛，而且内容间彼此联系密切，相互影响又相互制约。一般来说，一个完整的广告策划应当包括以下几个方面：

（一）市场调查分析。市场调查分析是广告策划和创意的基础，也是必不可少的第一步。市场调查分析的主要内容包括 PEST 分析（宏观环境分析）、行业分析、产品分析、市场竞争对手分析以及消费者分析等。在分析以上各部分的基础上，我们可以将分析内容加以总结，最后以 SWOT 的思路进行简洁的总结式分析。例如，第 11 届全国大学生广告艺术大赛策划案类二等奖作品《新夜食主义》①中的市场环境分析，以 SWOT 的形式呈现娃哈哈新品的优势、劣势以及

① 全国大学生广告艺术大赛组委会. 创意我飞跃：第 11 届全国大学生广告艺术大赛获奖作品集[M].北京：高等教育出版社，2019.

机遇、挑战，从而总结出娃哈哈谷の奶的新品策划营销可以突出它"作为一款夜晚饱腹饮品"的卖点，改变消费者对品牌的固化认知，同时又能与消费者形成情感联系。

图4-3　第11届全国大学生广告艺术大赛策划案类二等奖作品《新夜食主义》(创作者：韦佳倩、吕梓晨、廖婷、张思一、韦胤华　指导老师：孟达)

(二)确定主题与战略营销。 广告主题的核心理念就是寻找消费者心智中的阶梯，是站在消费者的角度，重新进行产品定位，是将产品定位和确立消费者合二为一，而不是将它们分离。

例如，第13届全国大学生广告艺术大赛策划案类二等奖作品《爱华仕——我的家"箱"》，作者在主题创作中，基于消费者洞察——年轻人对爱华仕箱包的品牌了解程度不高，结合产品定位——"给你家乡的陪伴"，突出产品卖点——"具备家乡特色，多功能出行小帮手"，确定主题：爱华仕——我的家"箱"，利用谐音字"箱"和"乡"，突出爱华仕箱包给年轻人家乡的陪伴。在策划主题确定的基础上，要确定三个阶段的营销策略，分别是：乡音难改(征集最熟悉的家乡话)——爱华仕家"箱"如你的乡友，陪伴你回家之路；乡土难忘(征集家乡标志性建筑)——乡土难忘故乡情,爱华仕家"箱"伴你平安出行;乡心难放(新品重磅推出)——我带家"箱"回家乡,我带家"箱"游家乡,我带家"箱"闯四方①。该策划作品中广告主题不是凭空臆想的,而是基于消费者洞察与产品卖点得出的,突出消费者把爱华仕箱包带在身上就像把家乡带在身上一样,爱华仕箱包会永远给予消费者力量的品牌核心概念。

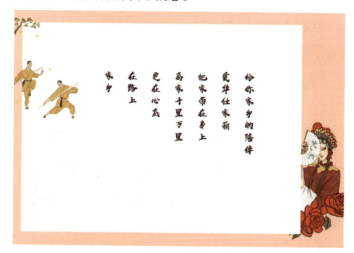

图4-4　第13届全国大学生广告艺术大赛策划案二等奖作品《爱华仕——我的家"箱"》(创作者:魏高敏、赵金花、张宝宇、岑梦佳、刘宏菲　指导老师:孙小丽、王志敏)

(三)广告创意表现。这是将广告策划人头脑中的东西从无形转为有形的阶段,也是广告策划的重点。广告主题是广告创意的出发点与基础,广告创意要以广告主题为核心,根据产品的特征、相关信息和资料,挖掘产品特性,寻找独特的诉求点,不能随意偏离或者转移广告主题及产品。

例如,第13届全国大学生广告艺术大赛策划案类三等奖作品《"茶系"青年》中的创意营销从云南白药 CC 牙膏"开启甜蜜治愈之旅"的卖点出发,提出"茶系"青年的概念,设计出符合年轻群体的拟人化 IP 形象——柚子、果子、莓莓、茶茶,并对产品包装重新设计,做了相应的海报进行宣传,符合年轻群体的审美。周边创意中呈现了与产品匹配度高的"茶系"防水便利贴、手机壳、随身镜、收纳袋、搪瓷杯等,创新"茶系"的概念并将其打入年轻群体中,增强年轻群

---

① 全国大学生广告艺术大赛组委会.创意我发现:第13届全国大学生广告艺术大赛获奖作品集[M].北京:高等教育出版社,2021.

体对云南白药的好感度和忠诚度,促进云南白药品牌的年轻化①。

① 全国大学生广告艺术大赛组委会.创意我发现:第13届全国大学生广告艺术大赛获奖作品集[M].北京:高等教育出版社,2021.

图 4 – 5　第 13 届全国大学生广告艺术大赛策划案类三等奖作品《"茶系"青年》（创作者：汤凯丽　指导老师：刘明强）

（四）广告媒介的选择和策划。媒介策划是针对既定的广告目标，在一定的预算条件下，利用各种媒体的选择、组合和发布策略，把广告信息有效地传达给目标受众而进行的策划和安排。

如上述所列举的案例《"茶系"青年》在第一阶段的活动预热中，前期在微博发布话题讨论，提高活动热度，同时在线下投放灯箱广告（公交车站台、地铁），线上线下的联动能最大化地吸引消费者的注意力，提高活动的关注度，在广告成本一定的前提下获取最大化的经济效益。

（五）广告预算。广告预算就是广告公司对广告活动所需费用的计划和匡算，它规定在一定的广告时期内，从事广告活动所需的经费总额、使用范围和使用方法。准确地编制广告预算是广告策划的重要内容之一，是企业广告活动得以顺利展开的保证。

（六）广告效果评估与监控。广告发布出去之后，有没有达到广告目的，有没有产生对其他方面的影响，需要对广告效果进行全面的评估才知道。在广告活动中甚至广告活动前，进行广告效果的监控和评估，可以增加广告的有效性。广告效果的评估和监控不能仅仅局限在销售效果上，传播效果作为广告效果的核心也应该受到重视。例如，第 11 届全国大学生广告艺术大赛策划案类三等奖作品《机遇之都》中的效果评估板块，提出了预期效果与评估目的，这有利于更好地通过系列营销活动，观察和分析大众对义乌形象的接受度与好感度，评估广告效果,有利于开展后续的营销工作①。

图4-6　第11届全国大学生广告艺术大赛策划案类三等奖作品《机遇之都》(创作者:陈静雯、张静、邓静红、张雨洁、杨磊　指导老师:周尚梅、卢萃宁)

第三节　广告策划的原则

广告策划虽然是一个动态的创造性活动,但是并不代表可以随心所欲、肆意而为。实际上,作为科学活动的广告策划,其运作有着自己的客观规律。广告策划者必须遵循特定规律进行广告创作,以保证广告策划活动的科学性与专业性。广告策划的基本原则主要有统一性原则、适应性原则、可操作性原则、创新性原则及针对性原则。

一、统一性原则

统一性原则是广告策划最基本的原则。广告策划的流程是相对固定的,但不同的商品、不同的企业,其广告策划的具体内容和广告策略是不同的。广告策划的统一性原则,要求广告活动各个方面在内在本质上要步调一致;广告活

---

① 全国大学生广告艺术大赛组委会.创意我飞跃:第11届全国大学生广告艺术大赛获奖作品集[M].北京:高等教育出版社,2019.

动的各个方面要服从统一的营销目标和广告目标,服从统一的产品形象和企业形象。不遵循广告策划的统一性原则,就无法对广告活动的各个方面进行全面规划、统筹兼顾,广告策划也就失去了存在的意义。

　　例如,获得第 12 届全国大学生广告艺术大赛江西赛区三等奖的策划案作品《"购"得着的爱》,运用谐音"go—购—够",从"育儿 go、育儿购、育儿够"三个阶段围绕主题进行广告策划,完全符合广告策划统一性原则——从"认知"到"热衷"再到"维系",逐渐输出京东母婴生活馆"一站式服务"的特点,突出京东母婴生活馆的"全能帮手"形象,在消费者群体中深化京东母婴生活馆是新手爸妈的"全能帮手",是育儿过程中的"成长伙伴"这一认知。整个营销阶段服从统一的营销目标和广告目标,明确京东母婴生活馆的独特卖点,在品牌与目标消费者中建立了情感联系,从而树立京东母婴生活馆的"全能帮手、成长伙伴"的品牌形象。

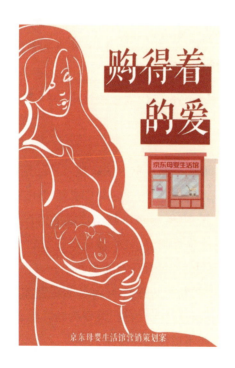

图4-7 《"购"得着的爱》策划案(创作者:杨筱　指导老师:胡建斌、丛艳华)

二、适应性原则

广告策划的适应性原则就是根据市场环境及产品情况等的不断发展变化,及时调整媒体方案,使所选择的广告媒体与广告活动的其他要素保持最佳适应状态。市场环境是变化无常的,客观事物与产品的情况也是不断变化的,这就要求广告策划有很强的适应性与灵活性,保证广告策划活动既在整体上保持统一,又在统一性原则的约束下,具有一定的弹性。一方面,广告媒体的选择要与广告产品的特性、消费者的特性以及广告信息的特性相适应。另一方面,广告媒体的选择要与外部环境相适应。这样,策划活动才能与复杂多变的市场环境和现实情况保持同步或处于最佳适应状态。

三、操作性原则。

广告策划的最终目的就是广告策划活动的实施,实现广告目标,因此广告策划必须具有科学性,而广告策划的科学性主要体现在广告策划的可操作性上。广告策划的可操作性要求广告策划的内容有严格的规定性,每一步骤和每一环节都是可操作的、可落地实施的,同时还要考虑到广告主的实力和经济承受能力,不能搞理想主义而不顾及企业的实际情况。例如,第11届全国大学生广告艺术大赛策划案类二等奖作品《新夜食主义》的营销活动,根据娃哈哈平价、平民化的产品特性,选择与平价的连锁酒店如七天、汉庭、城市便捷等合作,向入住的消费者免费赠送娃哈哈"谷の奶",并邀请用户扫码参加晚安祝福的活动,既契合产品"晚安奶"的卖点,又以温情、互动、成本可控、简单、可操作的营销手段,在消费者与品牌之间建立情感联系,增强潜在消费者对娃哈哈品牌及产品"谷の奶"的好感度①。

四、创新性原则

创新性是广告策划的本质特征,创意是广告策划的精髓与灵魂。广告策划本身就是一种创造性思维活动,其手段和方法得新颖、独特、有创意。一个具有创新性的广告才能打动人心,进而提高消费者对产品的购买力,提升品牌的影响力。当创意不准或者缺乏冲击力,就难以助力品牌实现广告目标,难以塑造良好的品牌形象。

例如,第12届全国大学生广告艺术大赛作品《"京东便利JIA"品牌推广营销策划案》,针对京东便利店设计了"便利家"与"家"双重创意品牌IP形象传播方案。首先,策划团队将便利店创意性地拟人化为"便利家",以此作为品牌定位的突破口,向年轻消费者传达"有麻烦,找便利家"的理念;其次,以"家"的情感路线切入,为年轻消费者带来极致便利的幸福感。通过线上线下等传播方式,建立"便利家"和"家"与京东便利店之间的品牌联系,达到更好的营销效果。

五、针对性原则

广告策划的最终目的是提升广告效果。如果广告策划不讲究针对性,就很难提升广告效果。例如,"一个品牌必须同时符合男性和女性的诉求,也必须深受上流社会和市井小民的喜爱",这种贪得无厌的心理容易使品牌落得完全丧

---

① 全国大学生广告艺术大赛组委会.创意我飞跃:第11届全国大学生广告艺术大赛获奖作品集[M].北京:高等教育出版社,2019.

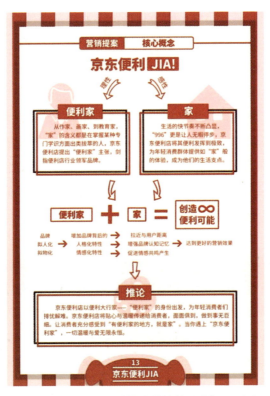

图 4-8 《"京东便利店 JIA"品牌推广营销策划案》(创作者:余向屿 指导老师:蔡立媛)

失个性的下场。在今天的市场上,一个"四不像"的品牌是很难立足的,因此广告策划必须具有针对性。广告策划的针对性原则要求广告策划的侧重点和广告战略战术必须依市场情况、竞争情况、消费者情况、产品情况、广告目标而定。

例如,第 10 届全国大学生广告艺术大赛策划类一等奖作品《我是"麻辣柠"藤娇新品上市计划书》,根据市场环境分析与消费者调查分析,得知越来越多的年轻人喜欢寻求味觉上的刺激,尤其会在加班时选择多层次味道的方便面来饱腹。所以该策划案在明确差异化市场定位的前提下,打造产品 USP,针对新时代的年轻人这一消费群体来做广告创意战略——"麻辣柠"不仅代表一种口味,更代表一种喜欢刺激、喜欢新奇事物、需要灵感的年轻人的生活态度,展示年轻人"追求梦想,每一次活动都用心参与,热爱生活的每分每秒"的蓬勃能量。

第五章　广告策略分析

第一节　PEST分析

广告策划运作是一个动态的过程,环环相扣。在这个过程中,我们开展动态的策略研究的第一步往往是PEST分析。PEST分析由哈佛大学教授迈克尔·波特提出,是指宏观环境的分析:P是政治(politics),E是经济(economy),S是社会(society),T是技术(technology)。

图 5 - 1　PEST 模型图

政治环境主要包括政治制度与体制、政局、政府的态度,以及政府制定的法律、法规等。例如,"'健康中国2020'战略"的提出,为食品行业提供了一定的政策支持,那么关于食品的品牌产品分析就可以突出这一部分的内容。

经济环境主要包括宏观和微观两个方面的内容。例如GDP及增长率、居民消费/储蓄倾向、利率、汇率、通货膨胀率、CPI、PPI、PMI、居民可支配收入、消费偏好、失业率、生产率、产业结构、消费偏好等。这些因素直接决定着企业目前及未来的市场大小。快消品或汽车品牌的分析即可重点突出经济环境因素。

社会环境影响最大的是人口环境和文化背景,例如人口规模、性别比、年龄结构、出生/死亡率、种族结构、生活方式、工作态度、教育状况、消费观念、宗教信仰、风俗习惯、价值观念、社会责任、审美观念等。

技术环境不仅包括发明,还包括与企业和市场有关的新技术、新工艺、新材料的出现、发展趋势及应用背景,例如新发明的技术、技术更新速度和传播速度、技术商品化速度、国家的研发费用、国家重点支持的项目、某领域的技术动态和研发费用、专利及其保护情况等。

在制定广告战略的过程中,我们必须关注整个宏观环境的分析,并在动态的环境中让广告战略创意性地去适应它。PEST 分析的重点在于判断环境中哪些趋势会对策划产生至关重要的影响,以此来进行主题战略分析。例如,获得第 12 届全国大学生广告艺术大赛策划类江西赛区三等奖的策划案《"购"得着的爱》,通过 PEST 分析发现:在政策上,全面二孩政策放开;在经济上,消费水平整体提升,母婴消费升级;在社会上,新生代父母生活节奏快,倾向于选择便利的一站式服务;在技术上,大数据等新技术赋能新零售营销形式。基于此,策划团队再通过用户与市场分析,以"'购'得着的爱"为主题进行广告策划创作,从而提高品牌认知度,增强用户的黏性。

由此可以看出,在进行广告策划之前,筛选出一些有用的因素进行深层次的分析是十分有价值的。当然,PEST 分析中的四个环境因素并不一定都是广告策划前期分析的重点。在具体制作广告策划案的过程中,我们可以根据实际需要来进行安排,如果某些行业受到某一环境因素的影响特别大,则要加大对这一部分的分析力度。此外,每一个部分用简短的几句话概述即可,不用写太多。分析的因素过多,则会影响我们的工作效率,造成时间、人力资源的浪费。要特别说明的是,除了可以用 PEST 分析,还可以用其他市场环境分析方法。总之,分析全面、言之有理即可。

第二节 行业分析

广告策划要以环境分析为出发点,注重行业分析,对行业背景的相关信息和数据进行严谨、透彻的分析,以充分掌握行业趋势。如此一来,在严谨洞察与科学思考的基础上所做的策划将更加有章可循、有据可依。

要进行清晰深入的市场环境研究,就要从宏观、中观、微观三个方面做全面综合的洞察。首先,利用 PEST 分析法,对广告传播推广做宏观方向上的市场环境研究,从政治环境、经济环境、社会环境、技术环境四个方面入手,综合分析其所处的发展环境。其次,在中观层面上,有必要深入研究行业的发展现状,进行数据挖掘与现状分析。再次,在微观层面上,从发展现状、地位与发展趋势方面进行分析。基于以上各方面对产品所做的综合分析、综合审查才是全面和深刻的,其所推导的结论才是科学合理的。所以研究行业的发展现状是十分重要的。

例如,第 11 届全国大学生广告艺术大赛策划类三等奖作品《"新青年钙论"——AD 钙奶线上营销方案》中,第一部分的市场环境分析将"行业分析"作为重要内容,分析了 2018 年全国饮料类销售额统计数据及增长情况、2018 年软饮料的人均消费量,得出"随着人民生活水平的提高,乳制品将逐渐成为日常消费品,市场前景可观"的结论;同时发现乳制品行业竞争激烈,顺应消费升级趋势以及互联网潮流,已从简单的价格竞争过渡到互联网创新营销竞争。策划者对饮料/乳制品行业现状进行分析后,就会在策划案中更加注重互联网创新营销手段,注重产品定制、包装设计、互联网促销活动营销、品牌打造,等等①。

再比如,第 11 届全国大学生广告艺术大赛策划类三等奖作品《"半糖主义"娃哈哈新品营销策划案》,同样是饮料产品的营销推广策划方案。该方案针对娃哈哈旗下的营销推广产品"半糖主义:枇杷芦荟青茶"以及"半糖主义:青提蓝莓白茶",分别对饮料行业、茶饮料行业进行分析,发现我国饮料行业持续向好,销售额稳步增长,未来发展潜力巨大;而茶饮料行业普遍存在同质化、产品区分

---

① 全国大学生广告艺术大赛组委会.创意我飞跃:第 11 届全国大学生广告艺术大赛获奖作品集[M].北京:高等教育出版社,2019.

度不高的问题,由此提出新型健康饮料的概念,为产品的营销推广奠定科学的基础,也为下一步提出"半糖主义"的营销主题提供背景支撑①。

因此,深入研究行业的发展现状,可以从发展现状、地位与发展趋势进行数据挖掘与现状分析,这有利于深刻了解市场环境及行业的变化及趋势,为后续的营销策略服务。

第三节　产品分析

产品是企业经营的最基本要素,也是广告策略制定的基础。因此,产品分析是市场调查的一个重要内容,对产品进行策略分析是产品面向市场定位的重要且实用的设计方法。通过对产品进行多层次和多角度的分析,广告策划者能够认清自己产品的优势与地位,明白自己的产品同竞争对手的相同产品、相似产品、互补产品、替代产品等的区别,进而从产品特征的角度出发,明白自己应该注意哪些问题,从而使自己的广告活动更具特色,达到获得消费者认可的目的。

产品分析包括产品的整体分析、产品的 USP 分析、产品的品牌形象分析、产品的市场定位分析、产品的生命周期分析。

产品的整体分析可以从以下两个方面着手:一方面,从产品的核心层次来看,包括产品的特质、产品的用途、产品的质量等;另一方面,从产品的有形层面来看,包括产品的包装、产品的价格、产品的大小等。

比如吉利旗下的小型车 smart,其主要用途和其他品类的汽车一样都是出行工具,虽然在野外能力很差,但是在车辆繁多、空间拥挤的城市里却具有亮眼的表现——小巧,因为体积小,可以轻轻松松地完成侧方停车。根据以上对产品的客观分析得出结论:smart 主要用途是在城市奔驰,而且外形小,使用便捷。广告策划者在广告主题策略的制定中就可以突出该款车型的独特定位——smart 小巧,可以在野外驾驶和停车。

再比如,第 10 届全国大学生广告艺术大赛策划类二等奖作品《Infinite Honor

---

① 全国大学生广告艺术大赛组委会. 创意我飞跃:第 11 届全国大学生广告艺术大赛获奖作品集[M]. 北京:高等教育出版社,2019.

可能无限,荣耀无限》荣耀品牌推广策划案,通过对荣耀 10 的产品分析,发现产品的差异点在于拥有独特的变色极光玻璃、2400 万像素的强劲 AI 摄像性能以及隐形湿手指纹解锁等无线黑科技的产品特质。结合荣耀的品牌理念——主打高性价比、科技美学,创作者在营销策划中,着重突出产品卖点——AI 摄影,强调科技调性,从而塑造荣耀 10 的独特定位,提高品牌的识别度,增强品牌声量①。

荣耀10产品分析
— 颜值+科技

变色极光玻璃:一机千面,无穷变色
强劲AI性能:2400万摄影革命,摄影从此很简单
硬核科技工艺:隐形湿手指纹解锁等无限黑科技

— AI2.0时代

AI芯片:麒麟970
AI智能系统:EMUI 8.1
AI开放生态:AI优化应用

真AI手机:AI摄影、AI相册、AI智慧旅行……

(卖点:AI摄影,科技美学,国产良芯,民族创造)

产品分析总结

形象定位尚未成功,华为基因有利有弊
产品外观新潮亮眼,助力品牌形象传播
AI 性能独具优势,凸显品牌科技调性

图 5-2　第 10 届全国大学生广告艺术大赛策划类二等奖作品《Infinite Honor 可能无限,荣耀无限》策划案(创作者:侯思琦、杨昊松、侯苾昀、荆书瑜、曾霞　指导老师:刘颖、刘振)

产品的 USP 分析即是提炼出产品的独特性。USP 理论又称为"创意理论",是 20 世纪 50 年代初美国人罗瑟·瑞夫斯提出的,要求向消费者说出"独特的销售主张"(unique selling proposition)。其特点是必须向受众陈述产品卖点,且这个卖点必须是独特的、能够带来销量的。一个成功的 USP 展示能够快速抓住

---

① 全国大学生广告艺术大赛组委会. 创意我闪耀:第十全国大学生广告艺术大赛获奖作品集[M].北京:高等教育出版社,2018.

消费者,而一个失败的 USP 展示无疑浪费了大量的钱,还获得了相当低的转化率。

提炼 USP 可以从具体的产品特色出发,体现产品的主要亮点,表明"只有我才具有这样的产品特点"。比如,矿泉水都能补充人体所需要的水分,在同质化的饮料行业市场上,农夫山泉通过体现产品拥有丰富的矿物元素,并且有健康的水源和优质的口感,打出"农夫山泉有点甜"的口号,从而形成了自己的市场优势。同样,对于牙膏的广告营销,云南白药主打"药用价值,纯天然的中药提炼"的 USP,突出产品本身就具有的明显优势,加深品牌印象,促进销售转化。

除了从具体的产品特色角度出发,还可以从消费者特定的使用场合角度提炼 USP。也就是说,突出产品在特定场合使用最合适,并且通过一系列的营销活动、创意视觉设计等强化这一主张,从而有效定位细分领域,从而获得市场先机。例如,阿胶糕的主要功效是补益气血、滋阴润肺,具有较高的营养价值。但是在同质化的市场竞争中,产品本身并没有什么独特的卖点,也没有什么核心竞争力,而且消费者有许多替代方案。这个时候提炼一个有效的 USP 就不能从产品本身出发,而应该从产品的使用场合出发,比如突出这款阿胶糕是孩子送给妈妈的礼品,是温暖的爱。提炼出这个 USP 以后,许多人可能不知道产品本身的功效,但是记住了产品的使用场合。把自己的产品和同类产品有效地区分开,并清晰而高频地向消费者传达这个主张,才能真正影响消费者,从而达到营销目的。

除了产品的整体分析、产品的 USP 分析,对产品所处的生命周期有所了解也是非常有必要的。任何产品都会经历投入期、成长期、成熟期和衰退期四个生命周期,处于不同生命周期的产品,所采用的广告宣传手段也应有所不同,这样才能更适应市场的变化。在产品的投入期,应以吸引消费者的注意力为主,详尽地讲述产品的功能和特点,加大广告投入;在成长期,可以适当减少广告投入;在成熟期,则需要加大广告投入,因为同类产品在这个阶段竞争十分激烈;在产品的衰退期,可以逐步减少广告投入,甚至停止广告投入。

例如,在第 12 届全国大学生广告艺术大赛策划类二等奖作品《原图少女——自然堂无瑕持妆冰肌粉底液校园营销策划案》中,营销活动根据产品的不同周期采用不同的广告宣传手段。创作者基于 AISAS 模型,为自然堂旗下的新品冰肌粉底液,设计了源于自然、原本自然、我愿自然三个营销阶段。在第一阶段着重加大广告投入,在自然堂的官方微博、官方微信发布介绍 KOL 美女老师关于自然美的观念的软文与活动,引发目标消费群体的注意;在第二阶段重点运用线上线下联合的广告形式,向学生普及美妆、护肤等知识,定期开展护肤美肤分享会、原图少女摄影展等,激发目标消费群体的搜索和购买行为;在第三阶段,相对于前期可减少一些广告投入,举办校园"自然美少女"评比活动,让消费者在活动中记住并分享自然堂冰肌粉底液,建立由表及里的深度品牌印象。

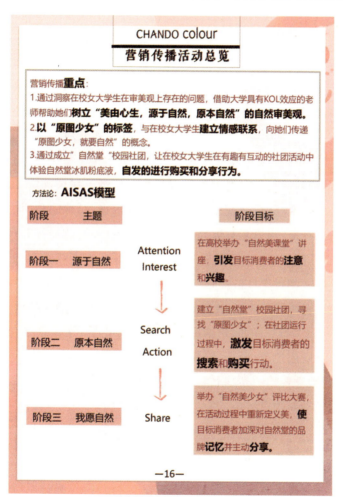

图 5-3　第 12 届全国大学生广告艺术大赛策划类二等奖作品《原图少女——自然堂无瑕持妆冰肌粉底液校园营销策划案》(创作者:石晶、周继青、汪美琪、查承玲、肖沙　指导老师:罗健、姚辛)

第四节　竞争对手分析

要想广告策划取得成功,不仅要对市场环境、政策经济、对象产品进行分析,还要仔细分析竞争对手。只有在充分了解竞争对手的前提下,才能制定出有效的广告策划策略,从而扩大品牌的影响力,强势提高品牌声量,获得消费者的认可。

竞争对手分析包括主要竞争对象是谁、竞争对手的社会知名度和认可度等基本情况,以及竞争对手的市场占有率、产品特色、营销策略和市场优势等。分析竞争对手有助于把握竞争对手的竞争实力与广告策略,从而有针对性地从产品自身出发,为制定独树一帜、耳目一新的广告策划主题战略提供有力的依据。

例如,第 10 届全国大学生广告艺术大赛策划类一等奖作品《浪十足——网易云音乐营销策划案》,通过对网易云音乐与竞争对手虾米音乐、QQ 音乐进行分析,得出以下结论:网易云音乐具有品牌定位清晰、品牌印象明确、产品算法精准,基于音乐社交,用户参与度高,用户对产品有深厚的情怀等产品优势;相对于有独立音乐版权的 QQ 音乐来说,网易云音乐具有版权受限、起步晚、曲库较小的产品劣势;相对于具备实时场景、AI 电台且作品管理更加专业的虾米音乐来说,网易云音乐需要改进 UI 设计,提升用户对视频功能的体验①。因此,该策划案以《海浪》为推广歌曲,包括提高播放量、评论量、分享量、传播量,深度拓展音乐社交,建立用户、音乐人、网易云音乐三者之间的互动,在用户心中建立网易云音乐与独立音乐的品牌联想,以此来传播网易云音乐的品牌理念,提升品牌知名度,拉动新用户增长。

---

① 全国大学生广告艺术大赛组委会. 创意我闪耀:第十届全国大学生广告艺术大赛获奖作品集[M].北京:高等教育出版社,2018.

竞争对手分析

	网易云音乐	虾米音乐	QQ音乐
品牌Slogan	音乐的力量	听·见不同	听我想听的歌
品牌印象	发现机制、社交功能、个性化推荐	音乐博物馆、高品位	背靠腾讯、功能强大、娱乐性强
产品定位	「音乐+社交」	以点对点传输技术和社区互动为核心的音乐分享	独家音乐版权
产品特色	私人FM、每日推荐、歌单、乐评、社区	实时场景、趴间、AI电台、音乐社区专栏	音乐版权、跑步FM、全民K歌
独立音乐计划	「石头计划」 「云豆现场」 「云梯计划」	「虾米音乐人」、「寻光计划」（已到第二期） 优势： a.计划启动早；b.作品管理更加专业。 不足： a.缺少对音乐人的激励机制；b.缺少通过平台可以进行的多方面变现渠道。	「众创+音乐」，全方位为独立音乐人提供服务。 「QQ音乐巅峰Live House」一站式营销平台，延展和丰富价值链条。 「腾讯音乐人计划」整合六大平台资源，为音乐人提供一站式服务。

图5-4　第10届全国大学生广告艺术大赛策划类一等奖作品《浪十足——网易云音乐营销策划案》（创作者：孙梦迪、谢琳怡、亓稷、杨康、许子晨　指导老师：徐茸、由磊明）

再比如，第14届全国大学生广告艺术大赛策划类江西赛区二等奖作品《"风"起"潮"涌》，首先对比分析国货产品"非常可乐"的竞争对手、潜在竞争对手及其营销策略和手段，发现可口可乐与百事可乐在价格、消费群体上具有极高的相似性，而在品牌定位与产品优、劣势上有差异，得出结论：非常可乐无明显价格优势，品牌效应低，消费市场较小。其次，通过分析潜在竞争对手得出结论：消费者愿意为产品承载的额外附加值买单。再次，根据Z世代年轻人善良真挚、追求自由、喜欢社交的生活态度，以及追求悦己和颜值主义的消费习惯，确定营销策划案的主题——打造一款"中国人自己的可乐"，并在视觉上利用"国风＋新潮"的方式，达到锁定老客户并吸引新客户的活动目的。

第五节　消费者分析

广告传播的主要目的就是有效地与消费者进行沟通,刺激消费者的购买动机,引导消费者采取购买行动。为了能够吸引消费者,广告策划者在进行策划活动之前,需要对消费者进行洞察,主要包括消费者的购买动机、购买行为、消费习惯、消费心理、消费诉求等,以此来描述主要目标用户的画像,并洞察用户的刚性需求。

一、消费者的购买动机

消费者的购买动机是指消费者购买某种商品的目的,即为什么购买。比如,有些消费者会以追求产品或者服务的实用价值为主要目的,它的关键词是"实惠""实用"。再比如,部分消费者会以追求商品的新颖、奇特、时尚为主要目的。在我们的日常生活中,出新品最频繁的行业就是手机行业。从 iPhone 4、iPhone 5 一直到现在的 iPhone 14,苹果公司周期性地出新品,其实就是在提醒消费者复购。只有对消费者的购买动机进行分析和研究,才能使广告宣传做到有的放矢。

二、消费者的购买行为

购买行为是指消费者在情感动机和理智动机的支配下,对某种产品产生"注意—兴趣—购买欲望—购买"行动。研究消费者的购买行为,是制定广告战略不可缺少的重要依据。了解消费者的购买行为,有利于在营销推广方案中有针对性地策划相应的活动,促进消费者的购买行为产生,也将有效地促进产品及公司的利润增长。

三、消费者购买习惯

购买习惯即消费者为什么买、在什么时间买、在什么地方买、怎么买以及由谁买等情况。消费者的购买习惯决定了广告发布的时间。因为消费者购买商品的时间选择是有规律的,有的人喜欢周日上街购物,有的人喜欢中午或晚上购物。因此,广告主应当根据消费者的购买习惯来发布广告。

此外,对消费者进行调查时,还需要关注消费者的心理。消费者的心理主要有求名心理、求美心理、求新心理以及求廉心理。消费者的这些购买心理只有经过调查才能真正被广告主掌握①。

好的广告策划和创意应当结合消费者的心理特点来进行分析和创作。例如,第 11 届全国大学生广告艺术大赛策划类一等奖作品《自有我道——爱华仕 KiM 行李箱校园营销策划案》,以 18—23 岁的大学生群体为目标消费者进行分析调查,刻画出"有个性、有冲劲、有活力、无所畏惧、追求潮流"的消费者画像,并对消费行为特征进行分析,发现超 60% 的消费者年出行频率为 4—8 次,出行原因大多是旅行、上学、搬家。而他们购买行李箱时主要考虑的因素是外观形状、价格高低、容量大小、材质差异,且更倾向于简约、纯色、时尚的行李箱②。

该策划案还分析了消费者的触媒习惯,发现消费者主要通过电商平台(淘宝、京东等)、社交平台(微信、微博、抖音、小红书等)、他人推荐、商场宣传了解行李箱品牌,近半数的人在线上旗舰店购买行李箱。故该策划案以年轻人为消费群体,从消费者喜欢的行李箱风格入手,从年轻人交流出行观点的角度设计广告创意,获得了较好的广告效果。

综上,设计广告策划案时对消费者进行分析是十分重要的。了解消费者的行为模式、购买习惯后,能采用更有效的广告手段促使产品打动消费者,激发他们的购买欲望,还能更好地进行产品定位,打造品牌优势,引导消费者采取购买行动,进而达到广告策划的目的。

此外,消费者是整个广告策划的核心,广告创意表现策略、广告投放策略与传播推广活动都必须建立在对目标消费者的深入分析、准确定位的基础上。在策划中,创作者需要刻画出准确的目标消费者画像。这样一来,广告创意表现才能更契合目标人群的属性,以实现更好的反馈效果;广告投放也能根据消费者画像,精准定位目标人群,以实现广告的有效触达和传播效果的最大化;营销传播活动形式也更符合目标人群的偏好,以促进更多的用户主动参与,辐射更大范围的人群。

---

① 高丙雪.广告策划实务[M].北京:航空工业出版社,2014:28.
② 全国大学生广告艺术大赛组委会.创意我飞跃:第 11 届全国大学生广告艺术大赛获奖作品集[M].北京:高等教育出版社,2019.

例如,第12届全国大学生广告艺术大赛策划类二等奖作品《原图少女——自然堂无瑕持妆冰肌粉底液校园营销策划案》中,创作者深入采访调查女大学生,了解她们的性格特点、关于"自然美"的想法、购买产品(粉底液)所看重的特质、购买渠道、触媒渠道等,在全方位、立体、准确地刻画出消费者画像后,得出策划主题"原图少女"。"原图少女"拥有自然不张扬、自然有个性、自然不造作的性格,追求"自然"的心理状态,而自然堂冰肌粉底液给予年轻消费群体"自然的妆容",让她们达到"原图少女,就要自然"的状态①。在精准的消费者洞察下,创作者得出营销主题,认为营销手段应该侧重于线上,并采用女大学生最喜欢的短视频、图文、视频直播进行产品的传播,以在一定的时间内达到最大化的效益。

----

① 全国大学生广告艺术大赛组委会.创意我热爱:第12届全国大学生广告艺术大赛获奖作品集[M].北京:高等教育出版社,2020.

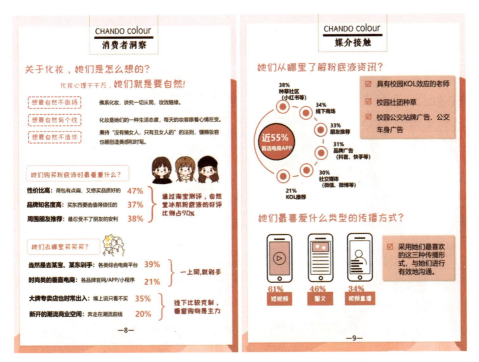

图5-5　第12届全国大学生广告艺术大赛策划类二等奖作品《原图少女——自然堂无瑕持妆冰肌粉底液校园营销策划案》(创作者:石晶、周继青、汪美琪、查承玲、肖沙　指导老师:罗健、姚辛)

第六节　SWOT 分析

　　SWOT 分析法又称强弱危机分析法、优劣分析法,是一种企业竞争态势分析,是市场营销的基础分析方法之一,由美国旧金山大学管理学者提出。SWOT分析法基于内外部的竞争条件和竞争环境,旨在列出企业内部的主要优势(strength)、劣势(weakness)、外部的机会(opportunity)和威胁(threat),以矩阵的形式排列,然后用系统分析思想,把各种因素相互匹配起来加以分析,从中得出一系列帮助决策的结论。

图 5 - 6 SWOT 分析模型图

通过 SWOT 分析,可以对品牌所处的情境进行全面、系统、准确的研究,从而帮助策划者发现品牌的优、劣势与外部机会和威胁,并依此选择合适的营销策略进行创意展现。

例如,第 13 届全国大学生广告艺术大赛策划类一等奖作品《无言情书》基于市场分析、消费者洞察以及 SWOT 分析,发现奥美生活洗脸巾产品本身具备高品质,相对于其他竞争对手来说,具有品牌知名度低、品牌调性过于理性等劣势。综合国民消费升级的市场环境,策划者在对奥美生活洗脸巾分析发展机会及外在的环境威胁后做了一个系统的 SWOT 分析表格,清晰地展现了内部的优势和劣势、外部的机会和威胁,以及 SO(利用优势与机会)、WO(利用机会改进劣势)、ST(监视优势与威胁)、WT(消除劣势与威胁)这些分析方向,如图 5 - 7所示,继而推导出以下内容:

1. 奥美生活洗脸巾的核心优势是抓住市场机遇,利用自身高品质的产品力来守护消费者肌肤的美丽,并让他们在洁面中体会生活之美。

2. 内在痛点是品牌调性过于理性化。营销策略选择情感营销,赋予品牌美好的人格特质,更能强化消费者心中的品牌记忆。

因此结合 SWOT 分析,该广告策划创意确定了:把奥美生活洗脸巾比作一封"小情书",并以"无言情书"作为营销主题,突出洗脸巾空无一字却在默默守护、传递爱的特质,赋予产品情感属性,达到了良好的营销效果。

SWOT分析

	优势（strength）	劣势（weakness）
内部因素 外部因素	①医护用品生产母企业为产品提供医疗级高品质保证 ②产品力强，功效多样：天然植物纤维，环保亲肤；AB面设计，多重功用；无异味技术，安全健康	①品牌力不足，品牌知名度低 ②整体品牌调性过于理性，难以满足人们心理需要 ③定价较高，性价比适中
机会（opportunity）	SO利用这些	WO改进这些
①国民消费升级为洗脸巾市场发展提供了机会，洗脸巾市场整体发展潜力巨大 ②后疫情时代更新了人们的健康安全观念，为洗脸巾市场扩展增添了机会	抓住市场机遇，充分发挥品牌自身的技术优势和多样化功效优势 主打"高品质"洗脸巾，在洗脸巾市场中占据"品质"高位	抓住人们的心理需求，深化品牌价值，改变偏理性的品牌调性 赋予品牌"温馨美好"的特质，用"温情"守护人们的生活
威胁（threat）	ST监视这些	WT消除这些
①洗脸巾使用人群较窄，洗脸巾消费观念需要进一步推广 ②洗脸巾的主要功效不突出，毛巾、卸妆棉等产品已和使用场景高度融合	充分挖掘产品自身的优质卖点，并和消费场景进行关联 在推广奥美洗脸巾产品的同时进行消费观念的植入	加大消费者洞察投入，塑造更贴合受众的品牌形象 深度挖掘消费者使用场景，并建立消费者和奥美生活洗脸巾之间较强的情感纽带

图 5-7　第 13 届全国大学生广告艺术大赛策划类一等奖作品《无言情书》

（创作者：钟俊捷、王奕璇、李卓泞、仵润宜、符洛瑜　指导老师：陈薇）

　　通常来说，SWOT 分析要着重分析企业或品牌的内部优势，比如是否具有良好的口碑和影响力，是否存在相对优势，是否存在价格或者包装的相对优势，等等。基于优势分析能更好地明白品牌或者产品的竞争优势，在后期的策划中就可以放大竞争优势，进行品牌策略的定位以及打造品牌的记忆点。

　　例如，第 12 届全国大学生广告艺术大赛策划类三等奖作品《堂小妹的冰肌术》策划案着重突出产品——自然堂纯粹滋润冰肌水的最大优势，即产品所蕴含的科技与成分：独创 Ice-Tech 冰肌科技与喜马拉雅山纯净的冰川水相结合，使营养成分发挥 1+1>2 的功效。这样一来，追求天然护肤、注重自然形象的年轻消费者就会心动，增强对自然堂纯粹"冰肌术"的品牌记忆点，进而对这款产品产生购买欲望。所以 SWOT 分析既要客观、全面,又要简洁化、有重点,避免复杂化与过度分析①。

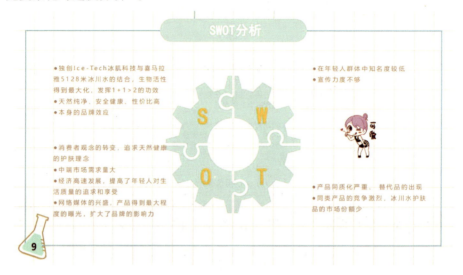

图 5 - 8   第 12 届全国大学生广告艺术大赛策划类三等奖作品《堂小妹的冰肌术》(创作者:陈铮、黄雪花)

---

① 全国大学生广告艺术大赛组委会. 创意我热爱:第 12 届全国大学生广告艺术大赛获奖作品集[M].北京:高等教育出版社,2020.

第六章　广告策划的制定

第一节　确定策划主题

广告策划主题是策划的核心部分。制定有用的主题策略,不仅是广告科学化运作的基本要求,而且对广告策略的创意演绎也起着关键作用。我们在确定主题策略之前需要分析以下几个问题:

1. 本次广告策划希望达到的目的和效果是什么?

2. 目标对象是哪些人? 他们有什么特征?

3. 我们希望目标对象看了广告产生什么想法,采取什么样的行动?

4. 产品的定位和独特点以及发展历史是怎样的?

5. 定位的支持点以及任何有助于发展创意的信息是什么?

6. 广告策划中要给消费者什么样的承诺?

7. 广告策划要表现什么样的风格?

从问题中找到解决办法的过程就是核心主题策略产生的过程。除此以外,策划者还应该基于以上提到的 PEST 分析、行业分析、产品分析、竞争对手分析、消费者分析以及 SWOT 分析等制定广告策划案的主题策略。确定广告核心主题应遵循以下基本原则:

原则一:广告策划的主题应该契合目标消费者,又要贴合产品,还要区别于竞争对手。

第 13 届全国大学生广告艺术大赛策划案类二等奖作品《乐享橙净时刻——JUNPING 双十一产品营销推广方案》,将竞争产品与自身产品对比,突出自身洁面产品的差异化特点——橙子气味;又将自身产品与目标消费者相联系,强调产品与目标消费者的共鸣与沟通——追求独特、快乐的体验。在产品、竞品、目标消费者三者之间的联系与区别之间,策划者推导出核心概念——橙味的快乐体验,最后得出核心主题策略——乐享橙净时刻①。

图6-1　第13届全国大学生广告艺术大赛策划案类二等奖作品《乐享橙净时刻——JUNPING 双十一产品营销推广方案》(创作者:朱明佳、张窈芸、梁翠婵、李丽珊、邓冠凤　指导老师:黄玉波、简予繁)

原则二:从品牌定位、产品属性开始,筛选出商品概念,然后找到产品与消费者之间的诉求点即支撑点(至少三个),从中找到它们的共性并得出主题。

例如,第13届全国大学生广告艺术大赛策划案类三等奖作品《爱华仕"箱亲箱近　一帆风顺"》的作者基于市场分析——中国箱包市场广阔、前景可观,但存在箱包功能同质化严重的现象,以及消费者分析——消费者对箱包的实用性和个性化需求日趋强烈,得出结论:营销如果太注重强调箱包的实用功能并不能引起消费者注意。所以作者从爱华仕一帆风顺行李箱的基本属性——拉杆顺、滑轮顺、拉链顺等"顺"的实用功能出发,将"顺"的概念上升到情感层面,

① 全国大学生广告艺术大赛组委会.创意我发现:第13届全国大学生广告艺术大赛获奖作品集[M].北京:高等教育出版社,2021.

赋予其"一帆风顺"的美好祝愿①。所以该策划案以"箱亲箱近，一帆风顺"为推广主题，以即将踏入职场的大四学生和职场新人为推广对象，通过富有人文特色和情感价值的营销活动，将产品植入目标消费者的生活场景中，与目标消费者零距离互动，传播产品"顺"的 USP，传递品牌祝福消费者一帆风顺的美好祝愿。

产品 USP：顺
- ➤ 线条顺
- ➤ 拉链顺
- ➤ 拉杆顺
- ➤ 滑轮顺
- ➤ 寓意顺

消费者痒点：希望顺利
- ➤ 希望商旅过程顺利
- ➤ 希望职场生活顺利
- ➤ 希望未来前程顺利

核心概念：一帆风顺
- ➤ 产品"顺"的功能性特点能规避消费者出行时遇到的困难，让消费者旅途更加顺利
- ➤ 产品名称"一帆风顺"寓意着祝消费者一帆风顺
- ➤ 品牌对消费者"一帆风顺"的美好祝愿

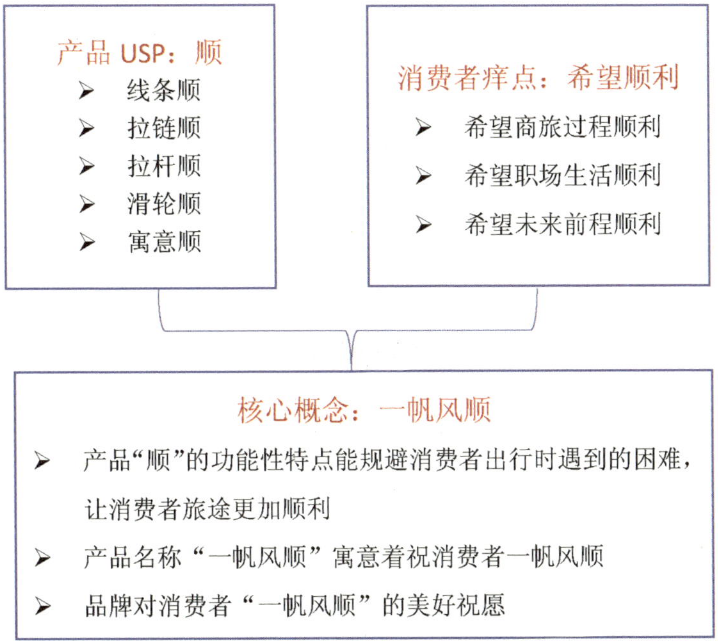

图 6-2　第 13 届全国大学生广告艺术大赛策划案类三等奖作品《爱华仕"箱亲箱近　一帆风顺"》策划案(创作者：袁文芳、聂梦怡、朱怡婷、杨宵临、袁敏　指导老师：黄清华、张燕)

原则三：主题要突出产品卖点，打造产品的独特优势，符合品牌理念。

产品卖点是产品自身所具有的能打动消费者的独特之处，主要体现在产品的功能、科技、品质、包装、价格等可以为消费者带来方便和满足感的东西。例如：海飞丝去屑洗发水的卖点就是去头皮屑；飘柔区别于其他洗发水的卖点是"洗发护发，双效合一"；潘婷的卖点主要是"从发根到发梢营养头发"。

对于同一个品类的产品或者同一个品牌的产品来说，产品的优点或特点可

① 全国大学生广告艺术大赛组委会.创意我发现：第 13 届全国大学生广告艺术大赛获奖作品集［M］.北京：高等教育出版社，2021.

能会有很多,但并不是每个优点都非常有市场价值。所以,在挖掘产品卖点的时候,要从中捕捉到对产品来说真正有市场价值的优点或特点,并将其作为广告的诉求点提出来,广告主题的确定就可以围绕诉求点来展开。

例如,在第 13 届全国大学生广告艺术大赛策划案类二等奖作品《娃哈哈饱腹天团》中,产品娃哈哈营养早餐,与同类型的竞争对手相比,在配方上有一定的竞争优势——胜在营养全面,食材黄金配比。策划者突出的产品卖点是"可以喝的时尚早餐饮品"。基于此确定的策划主题"娃哈哈饱腹天团",既契合目标消费者,又贴合产品卖点,还区别于竞争对手,为消费者带来了新鲜感。

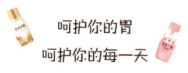

图 6-3　第 13 届全国大学生广告艺术大赛策划案类二等奖作品《娃哈哈饱腹天团》(创作者:朱芮霆、王丽慧、毛可悦、杨舒琪、陈青青　指导老师:黄莉)

该主题口号"呵护你的胃"符合产品营养全面、提供长效饱腹的特点,既简单易懂、朗朗上口、容易记忆,又便于提高产品知名度。"呵护"二字也加深了消费者对产品作为早餐保护肠胃、补充营养的印象,同时提高了产品的知名度和好感度。

此外,广告策划中主题的核心概念阐释部分也是十分重要的。做好核心概念阐释可以帮助消费者了解策划主题,增强消费者对品牌产品的核心记忆点。核心概念的推导过程需要在明确品牌诉求与目标消费群体的联系上,清晰明确地提炼思路,理顺底层逻辑。例如,第 13 届全国大学生广告艺术大赛策划案类二等奖作品《从齿开始,愈见甜 me——云南白药奶茶牙膏破圈营销策划案》结合市场环境与消费者调研,构建云南白药奶茶牙膏在 Z 世代的破圈路径,分阶段从核心圈、中层圈、外层圈实现受众、品牌破圈,提出"愈见甜 me"的核心主题概念,实现云南白药品牌年轻化的破圈核心诉求。

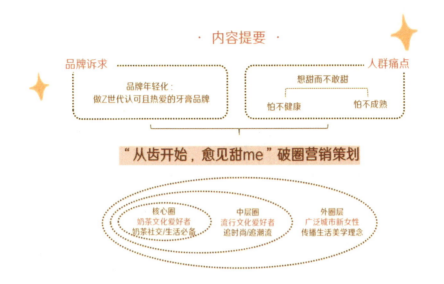

图6-4　第13届全国大学生广告艺术大赛策划案类二等奖作品《从齿开始，愈见甜 me——云南白药奶茶牙膏破圈营销策划案》(创作者：郑子楠、孙梦徽、傅婧雯、万子琪、雷乐彬　指导老师：佘世红、韩红星)

该策划案点明"甜"是年轻人的追求——甜甜的奶茶缓解压力，甜甜的生活充满生机；"甜"也是年轻人的担忧——奶茶太甜会损伤牙齿，笑容太甜会显得幼稚。甜蜜的治愈力是云南白药奶茶牙膏的独特亮点，美好的生活是目标消费人群的价值追求。所以策划案以"甜"为核心概念，提出"从齿开始，愈见甜 me"的策划主题与价值主张，颠覆固有认知、打破刻板印象，告诉消费者甜味牙膏也可以很治愈，鼓励年轻人活出自我，敢甜、敢笑、敢出色。

第二节　制定营销策略

具体的营销策略可以根据4P营销理论拆解为产品策略、价格策略、渠道策略、推广策略。4P营销理论以产品(product)为核心，消费者购买的是产品的使用价值。这个产品卖多少钱(价格 price)，在哪里买(渠道 place)，用什么样的营销推广(promotion)方式，构成营销的闭环。这里主要讲推广策略与渠道策略。

一、思路形成过程

广告策划中的营销推广策略思路可以围绕"问题—解决办法—具体实施"来展开。例如,第 10 届全国大学生广告艺术大赛策划类三等奖作品《敢性出发——网易云音乐营销策划案》,就从问题出发——发现产品、品牌、消费者之间存在的问题,进而提出相应的解决措施,有针对性地提出营销活动策略。

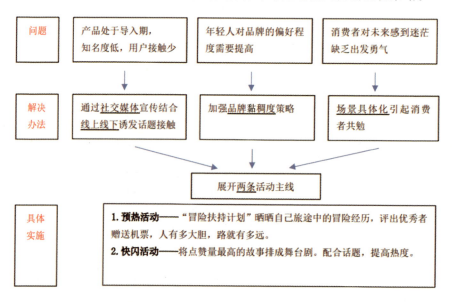

图 6-5　第 10 届全国大学生广告艺术大赛策划案类三等奖作品《敢性出发——网易云音乐营销策划案》(创作者:杨静怡、毛固宁、陈佳勇、董雨辰、康霞　指导老师:罗峻峰)

二、营销活动阶段

一般广告策划中的营销推广策略提案可以分为三个阶段:前期预热阶段、中期爆发阶段、后期持续阶段。这三个阶段需要循序渐进,每个阶段的活动主题需要贴合整个营销策划案的核心主题。

例如,第 13 届全国大学生广告艺术大赛策划案类二等奖作品《Hold 住你的美颜——奥美妮洗脸巾策划案》的作者结合产品品质、产品功能与消费者需求,提出"Hold 住你的美颜"这个核心概念,在活动第一阶段突出奥美妮洗脸巾的医护品质,与其他产品区分开来。这一阶段属于造势营销阶段,主要目的是加强目标群体对产品的了解。第二阶段用产品的厚度突出消费者的使用体验,属于线下体验、建立品牌信赖度的阶段,助力目标群体将信任转化为购买力。在第三阶段通过传达产品的品牌理念,引起消费者与产品之间的情感共鸣,树立温暖贴心的品牌形象,这一阶段属于情感营销阶段,主要目的是培育目标群体的忠诚度①。这三个阶段由产品本身到消费者体验再到品牌理念的传递,由浅入深,循序渐进。活动阶段的主题"护"住你的美颜、"厚"住你的美颜、Hold 住生活的美颜,也完美贴合整个营销策划的核心概念"Hold 住你的美颜",助力消费群体建立对品牌——奥美生活的辨识度以及对产品——"美颜洗脸巾"的认知。

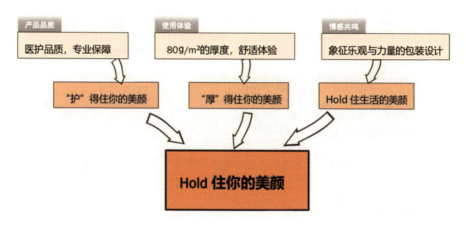

图 6 - 6　第 13 届全国大学生广告艺术大赛策划案二等奖作品《Hold 住你的美颜——奥美妮洗脸巾策划案》(创作者:胡丽婷　指导老师:罗书俊)

当然,除了按照前期阶段、中期阶段、后期阶段这三个阶段进行区分,还可以按照全年的重点节日或节点来设计营销提案,具体需要看品牌策略单的要求。例如,第 15 届全国大学生广告艺术大赛中的"100 年润发"品牌命题策略单就明确要求营销策划中要制定三八妇女节、五四青年节、6·18、七夕、开学季、双十一、春节的细分活动主题以及活动清单。这时,广告策划者就不需要按照前期、中期、后期来区分,而要按照品牌策略单的要求来完成。

---

① 全国大学生广告艺术大赛组委会.创意我发现:第 13 届全国大学生广告艺术大赛获奖作品集[M].北京:高等教育出版社,2021.

六、策划案类

结合主题**"新润发美学"**，制订品牌营销推广策划方案，要求**整体方案简明扼要，话题性**高，只需包括品牌故事和营销策划两部分内容，无须呈现分析、费用规划和媒体规划。

品牌故事：以品牌介绍素材为基础，创作品牌故事延展并升华品牌内涵。内容有情怀、打动人心，具有购买驱动力。

营销策划：根据品牌和产品定位，针对**"以年轻时尚的女性群体为主"**的目标人群洞察，策划品牌营销推广方案，要求提高目标消费群体对品牌或命题产品的认知度与认可度，品效合一，促进动销转化。内容包含：①营销活动总主题；②制定3.8、五四、6.18、七夕、开学季、双11、春节的细分活动主题；③对主题进行简要阐述；④罗列营销推广主题下配套的活动清单及内容创意 **(清单即可，无须展开)**；⑤设计主题配套的主KV。

图6-7　第15届全国大学生广告艺术大赛中的"100年润发"品牌命题策略单

三、推广渠道与方式

常见的营销推广方式主要有：

1.线上付费广告：搜索引擎优化、SEM竞价、软文投放、网页导航等。

2.内容营销：事件营销、病毒营销、话题营销、口碑营销、饥饿营销、知识营销、互动营销、情感营销、会员营销等。

3.社媒广告：两微一抖一书等自媒体投放、朋友圈广告、私域流量运营等。

4.大众媒体广告：电视广告、交通枢纽广告、户外框架牌、报纸杂志等。

在广告策划案中，我们应该格外重视内容营销和社交媒体广告推广。例如上文提到的第13届全国大学生广告艺术大赛策划案类二等奖作品《Hold住你的美颜——奥美妮洗脸巾策划案》，利用社交媒体平台抖音，借助KOL创意宣传奥美妮洗脸巾产品的专属滤镜，场景化突出"美颜洗脸巾"的定位。

线上线下渠道相结合能比较全面、高效地使产品与消费者形成联结，促进品牌的推广与营销，提高品牌影响力。线上除了上文提到的社交平台抖音，还有拥有较高社群属性的微信朋友圈以及带货平台小红书、顶流主播电商直播等，这些都是目前比较有效的营销推广渠道，能有效吸引目标群体对产品产生兴趣,并将其购买欲望转化成购买力。

当然,线下营销推广也是必不可少的。《Hold 住你的美颜——奥美妮洗脸巾策划案》将推广活动地点选在北、上、广、深一线城市中人流聚集的购物广场,在线下打造用户体验馆,让用户切实体验奥美妮洗脸巾的医护品质。在用户进行实地的体验之后,赠送一些小礼品给用户,增加了潜在消费者的购买欲望,有利于奥美妮的品牌形象塑造。

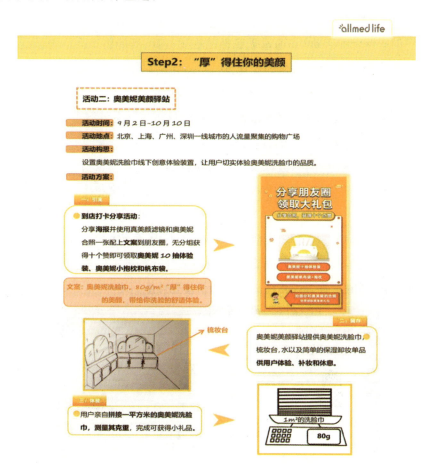

图 6-8 第 13 届全国大学生广告艺术大赛策划案类二等奖作品《Hold 住你的美颜——奥美妮洗脸巾策划案》(创作者:胡丽婷 指导老师:罗书俊)

第三节　创意视觉设计

　　在广告主题策略确定后，创意就成为广告的灵魂。富有创意的广告策划案才容易让人记忆，也更具有市场吸引力。广告策划案中的创意设计是指为了传达广告策略、表现广告主题，将抽象的广告概念转换成具象的艺术表现形式所进行的创造性思维活动①。通过创意性的视觉设计，既能将产品广告设计的理念传递给受众，又能吸引大量的受众，这也是刺激消费的有效办法。

　　例如，第 13 届全国大学生广告艺术大赛策划案类二等奖作品《爱华仕——有实力相伴，得好运人生》，前期根据市场环境分析与消费者洞察，分别画出 18 岁左右的高考生，18—24 岁的青年，爱熬夜工作的大学生和职场小白，爱健身、养生的大学生和职场小白，爱社交、唱歌、跳舞的大学生和职场小白，这五个细分群体的人物个性画像，提出"顺风顺水顺五运"（考运、桃花运、财运、事运、福运）的营销主题②，对产品卖点重新定位，利用 IP 形象及创意周边（考考、桃桃、仕仕、福福、财财），进行爱华仕品牌价值（有实力相伴，得好运人生）输出，并根据消费者的触媒习惯在微博、抖音等短视频平台发布影视广告，增强用户对爱华仕箱包的认知度，提升爱华仕的口碑和粉丝忠诚度。

---

　　① 高丙雪.广告策划实务［M］.北京:航空工业出版社,2014:73.
　　② 全国大学生广告艺术大赛组委会.创意我发现:第 13 届全国大学生广告艺术大赛获奖作品集［M］.北京:高等教育出版社,2021.

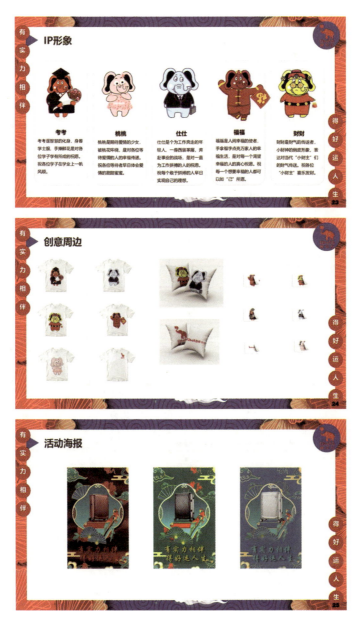

图6-9 第13届全国大学生广告艺术大赛策划案类二等奖作品《爱华仕——有实力相伴,得好运人生》(创作者:杨芝仪、张浩哲、陈诗津、刘佩华、蒋慧媛 指导老师:郝鑫、笪衍)

途径一:主题KV

主题 KV(key vision,视觉主画面),是广告宣传最直接的平面视觉传达载体,能给受众最直接的视觉冲击。它提供整体的宣传调性。它的延展性强,可以将 KV 的用途扩展到视觉宣传的方方面面。那么如何才能将品牌核心元素与场景或节日、节气结合,转化为可视化形象并将形象有效传递给消费者呢?首先,在保持品牌核心价值信息聚集的前提下,KV 创意和设计需要具备以下三个要素:关联性、原创性和冲击力。

关联性体现在将品牌、产品和顾客相关联,目的是引起消费者的注意,并进一步使消费者产生兴趣;原创性则主要体现在 KV 要与竞品形成明显的差异,使之具有独创性;KV 的冲击力表现在整体画面需要具有一定的新颖性,能够引起消费者的注意力,达到震撼的效果。例如,第 13 届全国大学生广告艺术大赛策划案类二等奖作品《PH9.0 平衡久——娃哈哈苏打水校园营销策划案》——

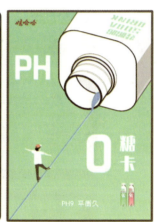

图 6 - 10　第 13 届全国大学生广告艺术大赛策划案类二等奖《PH9.0 平衡久——娃哈哈苏打水校园营销策划案》(创作者:周梦、张千　指导老师:过山、上官海青)

这张海报整体风格和调性比较简洁,绿色的主色调和产品包装很贴切。

第一层信息:"娃哈哈苏打水"产品的特质——PH9 与 0 糖卡;白色大字和绿色背景,既凸显了产品卖点、产品信息,又突出了产品调性——健康、清新、阳光、有活力。

第二层信息:海报右下角两款娃哈哈苏打水的产品形象和左上角娃哈哈的品牌 LOGO 组合,比较清晰,有辨识度,能够增强目标群体的记忆,便于后续开展营销活动。

第三层信息:蓝色平衡线连接着年轻消费者与娃哈哈苏打水,白字"PH9 平衡久"一目了然,呼应消费者画像——常常胃疼、常常熬夜、常常吃辣、常常疲倦、没有平衡的身体,凸显了品牌主张——快与娃哈哈 PH9.0 苏打水一起,为"平衡"而战。

该作品的 KV 设计画面视觉冲击力比较明显,既保留和延续了娃哈哈品牌LOGO,又凸显了两款不同的气泡水,两款气泡水和品牌调性的浑然一体;KV 画面将核心主题、品牌、产品和顾客的关联度巧妙地融为一体;经过创意和细节把控,KV 画面更系统、更规范。

途径二:打造 IP 形象

打造 IP 可以将品牌符号化,让品牌更加立体形象,甚至被赋予人格属性;也可以让品牌与年轻消费者进行沟通、互动,提升用户的消费体验,增强用户黏性。

例如,大家熟悉的"三只松鼠"形象 IP,就很受消费者喜爱。"三只松鼠"站在消费者角度,思考消费者的需求,建立了一个萌宠的品牌形象,打造出"松鼠小贱、松鼠小美、松鼠小酷"三个可爱的 IP 形象,它们有不同的星座、爱好以及个性等特征。这样的品牌设定具有趣味性,能够快速吸引目标用户的注意力。此外,三只松鼠以主人和宠物之间的关系,替代传统商家和用户之间的关系,建立亲切的主人文化——"我们是来自松鼠星球的三只松鼠。小贱、小美、小酷,是主人心中的萌宠天团。我们全心全意为主人提供新鲜、健康、具性价比的美食,坚信美食的治愈力量。我们陪伴在主人身边,传播爱与快乐、萌即正能量,为主人创造独特的松鼠世界,发现生活中最单纯的幸福感"。与此同时,客服以松鼠口吻与用户交流,亲切地称呼消费者为主人,将弱关系变为强关系,促进消费行为的产生,建立消费者的品牌忠诚度。

打造品牌 IP 的第一步。从品牌名衍生的 IP 形象不仅要具备极强的识别度和记忆度,还要与产品形成很强的关联,让消费者看到 IP 的第一眼就形成记忆。例如上文提到的案例——第 13 届全国大学生广告艺术大赛策划案类二等奖作品《PH9.0 平衡久——娃哈哈苏打水校园营销策划案》,针对玫瑰口味和柠檬口味的娃哈哈 PH9.0 苏打水,分别设计不同的 IP 形象,利用不同的色彩结合动漫形式进行设计,表达了玫瑰的美丽和柠檬的活力,并赋予其人格属性,与消费者形成零距离的良好互动。

这组作品也将 IP 落地延展到营销的多个方向:IP 海报设计、IP 徽章饰品、鼠标垫,等等。消费者还可以将娃哈哈 PH9.0 玫瑰味和柠檬味苏打水的 IP 形象张贴在自己喜欢的物品上,摆放在目光所及的桌面上。这有利于娃哈哈

PH9.0苏打水在短时间内迅速形成品牌强认知,打响知名度①。

图6-11　第13届全国大学生广告艺术大赛策划案类二等奖作品《PH9.0平衡久——娃哈哈苏打水校园营销策划案》中的 IP 形象设计、IP 海报设计、周边设计(创作者:周梦、张千　指导老师:过山、上官海青)

---

① 全国大学生广告艺术大赛组委会.创意我发现:第13届全国大学生广告艺术大赛获奖作品集[M].北京:高等教育出版社,2021.

再如,第 11 届全国大学生广告艺术大赛策划案类一等奖作品《汉方茶醉——娃哈哈汉方茶饮料新品策划案》中,设计了娃哈哈汉方茶饮料产品 IP 形象——醉美猫,将婀娜多姿的汉服与深受年轻女性喜爱的猫结合,让传统与现代元素交汇碰撞,打造热爱国粹、热爱社交、热爱美学,性格活泼、健康、有朝气的"醉美猫"①,还相应地制作了节假日营销方案,设计了"醉美猫"IP 形象汉服秀和包装设计、创意周边(手机壳、抱枕、团扇),向消费者传达娃哈哈新品"汉方茶醉"的产品调性以及价值观念,树立娃哈哈品牌传承传统汉服文化的形象。整组创意设计用生动、形象、年轻的视觉文化来增强消费者对品牌的认知,使产品与消费者建立良好的沟通和互动关系。

① 全国大学生广告艺术大赛组委会.创意我飞跃:第 11 届全国大学生广告艺术大赛获奖作品集[M].北京:高等教育出版社,2019.

图 6－12　第 11 届全国大学生广告艺术大赛策划案类一等奖作品《汉方茶醉——娃哈哈汉方茶饮料新品策划案》(创作者:林佳婷、黄杏烽、叶伟健、纪桂萍、杨芳　指导老师:周琳、徐宁)

途径三:TVC 呈现

一条好的 TVC(电视广告影片)能给人留下深刻的印象。创意十足的故事线、抓人眼球的精湛表演和有设计感的场景搭建,都能为提升品牌影响力添砖加瓦。在传递品牌价值、展现品牌故事和价值观的角度,TVC 仍有不可替代的作用。广告策划者如何做好 TVC?首先得有创意构思,其次要以更独特的角度讲述故事,最后可以用视频脚本的形式呈现视觉效果。

例如,第 12 届全国大学生广告艺术大赛策划案类一等奖作品《有盏灯永远在等你——京东便利店营销策划案》的创意执行活动中,打造了一个电视广告影片《留灯》,借春节之势渲染氛围,提高京东便利店的曝光度,塑造"温情""人性化"的品牌形象,增强用户黏性,让用户在春节期间深刻领悟京东便利店是明亮温暖的"灯"这个概念,使京东便利店显得更有人情味。

创意构思:抓住用户痛点,并解决痛点。

《留灯》这个广告片抓住了一个痛点:春节期间还有许多年轻人在城市流浪、加班,想要被关心,想在偌大的城市里找到一个安抚情绪的地方。在这个时候,京东便利店 24 小时营业,"无论流浪何处,总有一盏灯为你留着",抚慰着城市年轻人的心①。

---

① 全国大学生广告艺术大赛组委会.创意我热爱:第 12 届全国大学生广告艺术大赛获奖作品集[M].北京:高等教育出版社,2020.

叙事角度:以独特的角度植入品牌核心理念。

整组《留灯》TVC,没有口号式地打广告,只是沉浸式地讲述故事,以至于"看到最后才知道是一个广告",在不知不觉中完成京东便利店"为年轻人永远亮着并等候的灯"的核心价值植入且不失格调,这样的传播效果无疑是事半功倍的。

视频脚本:一个好的 TVC 脚本,最重要的是讲好故事,有画面感、节奏感。《留灯》这个视频脚本涉及主题、封面、镜号、景别、效果、画面、旁白、时长、分镜示意图等,用简单又细腻的文字、舒适且合适的节奏,呈现足够的画面感。

随着社交媒体的不断兴起,品牌策划也应该紧跟趋势,对准数字化媒体打造吸引用户点击并且能够给用户带来情绪渲染的视觉设计,帮助用户在理解创意的基础上获得美好的视觉体验,增强用户的关注度与黏性,塑造良好的品牌印象。

第七章　广告策划案的参赛方法与技巧

第一节　广告策划案的参赛标准

一、应符合参赛办法中的所有规定

例如《第 15 届全国大学生广告艺术大赛参赛办法》明确说明了参赛资格、参赛规定、作品类别、作品标准、作品规格、提交要求、参赛流程、截稿时间等要求。参赛者应该仔细查阅参赛办法，并按照要求参赛。

图 7-1　第 15 届全国大学生广告艺术大赛参赛办法

二、应仔细地阅读企业（客户）的策略单

例如，"100 年润发"的第 15 届全国大学生广告艺术大赛命题策略单中，囊括了命题名称、品牌定位（植系时尚东方洗护品牌）、品牌简介、品牌 slogan（专植养护东方秀发）、产品信息、目标群体、广告主题、命题解析、广告目的、广告形式及相关信息获取渠道等。参赛者应该仔细阅读命题策略单，了解该品牌（产品）的相关信息，确定广告形式。

图 7-2　第 15 届全国大学生广告艺术大赛命题汇总

三、检查策划书构成是否完整(见《参赛办法》与策略单)

策划书可根据命题策略单的具体要求和侧重点进行创作。若命题策略单中无侧重说明,广告及营销策划案可参考以下内容框架:①内容提要;②市场分析(数据翔实,引用数据资料应注明出处,调查表附于文后);③营销策略;④创意设计执行;⑤广告预算及媒介计划(应符合企业命题中的广告总预算)。

一份完整的策划书应该有封面、目录、正文内容、附录、封底等基础部分。

例如,第 12 届全国大学生广告艺术大赛策划案类二等奖作品《I SEE MORE——2021 年爱喜猫品牌整体营销方案》,将核心主题"I SEE MORE"以简单明了的视觉画面呈现在封面上,将目录分为五部分:市场分析、营销提案、创意执行、媒介提案、附录。整份营销策划方案既完整又逻辑清晰地以图片形式呈现,能让评委获得较好的视觉体验①。此外,策划案视觉设计整体风格统一,以蓝色为主要基调,以"SEE"为线索,画面元素符合策划案的主题策略。

---

① 全国大学生广告艺术大赛组委会.创意我热爱:第 12 届全国大学生广告艺术大赛获奖作品集[M].北京:高等教育出版社,2020.

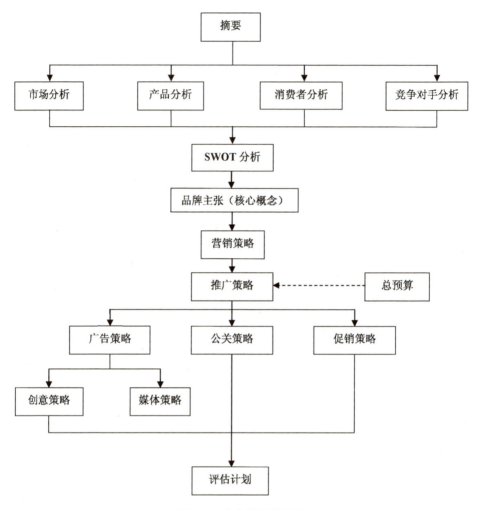

图 7-3 广告策划书架构

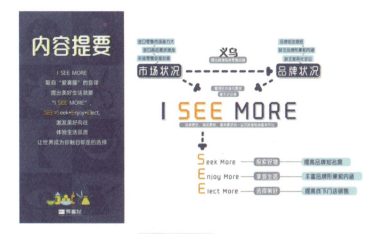

图 7-4 第 12 届全国大学生广告艺术大赛策划案二等奖作品《I SEE MORE——2021 年爱喜猫品牌整体营销方案》(创作者:刘玉清、杨瑜、梁楠、刘佳、陈林 指导老师:祝胜军)

四、策划书的编制原则

一份策划案如何在成千上万的参赛作品中脱颖而出,让人眼前一亮? 策划案的排版设计是我们每一位参赛者需要考虑的。一般来说,全国大学生广告艺术大赛参赛办法,要求策划书提交的文件规格为:页面尺寸为 A4,正文不超过30 页(含封面、正文内容、封底),附件不超过 10 页。策划者需要在有限的页数内呈现清晰明了的主题阐释、营销策划等内容,所以广告策划必须遵循逻辑思维原则、形象化原则、简洁朴实原则、可操作性原则。

● 逻辑思维原则

逻辑思维原则要求策划书呈现部分有清晰的逻辑思维。策划案不同于诗歌、散文,要求广告策划者有严谨的逻辑思维,清楚目标客户的需求,洞察消费者心理和画像,策划围绕一个明确的主题来展开相应的分析过程、营销策略、媒介使用等部分。具体表现为策划中各个部分逻辑性强,结构清晰,主线明确。

例如,第11届全国大学生广告艺术大赛策划案类一等奖作品《知人知面亦知心——小迷糊鲜颜多效小彩膜新品策划推广案》,首先呈现卷首语,交代策划背景——俗话说知人知面不知心,我们经常猜不透对方所伪装的套路,然后引出话题——我们不如简单点,迷糊之人固有可爱之处,和小迷糊面膜一起做一个简单率真的迷糊蛋。在卷首语中自然引出策划主题与策划中心:知人知面亦知心①。

图7-5 第11届全国大学生广告大赛策划案类一等奖作品《知人知面亦知心——小迷糊鲜颜多效小彩膜新品策划推广案》(创作者:王同宇、李雅楠、陈慧玲、詹璐阳、冯绍虎 指导老师:黄菁)

逻辑思维原则还要求策划内容各部分之间逻辑关系紧密。作品《知人知面亦知心——小迷糊鲜颜多效小彩膜新品策划推广案》,将策划内容分为摘要与目录,目录包括六部分,分别是市场分析、营销策略、创意执行、媒介提案、费用预算、全案附录。整个结构框架清晰明了:首先,从分析产品市场现状与洞察消费者开始,再把策划中心目的全盘托出。其次,详细阐述具体策划内容,严谨而又清晰地

---

① 全国大学生广告艺术大赛组委会.创意我飞跃:第11届全国大学生广告艺术大赛获奖作品集[M].北京:高等教育出版社,2019.

把小迷糊鲜颜多效小彩膜新品对目标群体进行营销策划推广,逻辑性非常强。

再次,在核心主题策略制定与阐释上,作品《知人知面亦知心——小迷糊鲜颜多效小彩膜新品策划推广案》将知人、知面、知心分为三个层次渐进的模块。在产品层面上,作品突出小迷糊面膜的定位是给肌肤做减法。在洞察消费者层面上,作品分析在高压生活中的大学生急需给生活做减法。结合产品与消费者,策划者提出"知心"的概念:从心出发,用心沟通,给肌肤做减法的小迷糊更适用于需要给生活做减法的消费者。

在营销策划上,作品《知人知面亦知心——小迷糊鲜颜多效小彩膜新品策划推广案》的三个阶段(一见倾心——遇见小迷糊、怦然心动——走进小迷糊、心心相印——恋上小迷糊)循序渐进,将主题与概念激活、产品推广、用户维系三个方面以清晰严密的逻辑呈现出来,既契合主题,又符合产品与品牌的理念。在活动上也能根据主题挖掘消费者背后的心理逻辑,用多种线上线下相结合的方式对产品进行营销推广,让小迷糊鲜颜多效小彩膜深入人心。

● 形象化原则

一份优秀的策划书仅仅有生动流畅的文字还不够,还必须采用各种形象化的技巧,使之在形式上美观大方、简洁明了,实现立体的视觉效果。形象化原则就是要注意版面处理所带来的视觉效果,整个版面要清晰生动,符合整个策划主题和风格。策划书的形象化原则具体体现在字体形象化、色调形象化、创意设计动画视觉效果形象化等。

例如,第 11 届全国大学生广告艺术大赛策划案类二等奖作品《轻装一代——娃哈哈宜茶时饮料线上营销计划》,统一采用青绿色为主色调,黄色为辅助色调,封面标题采用大字体设计,形象生动地展示在评阅者面前。

在核心概念阐述中,作品利用动画形式展现一个皱眉托腮的女孩"负重前行"的状态,同时加上娃哈哈策划产品简约的瓶装形象,引出产品定位——一款清新好喝的轻饮料[1],功能是改善心情、让人感到惬意,主要目标消费群体是在校大学生等年轻人。作品突出娃哈哈宜茶时饮料能够为"负重前行"的年轻人提供"轻装",鼓励大家一起成为"轻装一代"。在创意传达页面上,策划的创意形象——穿绿色衣服的男孩与核心概念的黄色女孩呼应,代表与"负重前行"的

---

[1] 全国大学生广告艺术大赛组委会.创意我飞跃:第 11 届全国大学生广告艺术大赛获奖作品集[M].北京:高等教育出版社,2019.

年轻人相反的"轻装一代",并在男孩形象的旁边附上文字——"轻装一代指这样的年轻人"。男孩手上拿着的气球则象征轻装、放下压力,主色调绿色与辅色调黄色凸显产品的清新风格。

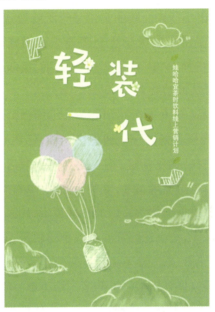

图7-6　第11届全国大学生广告艺术大赛策划案类二等奖作品《轻装一代——娃哈哈宜茶时饮料线上营销计划》(创作者:程凡菲、廉子晴、汤晓菡、关灵爽、许瑶　指导老师:钱正)

另外,该策划作品在产品包装升级与 IP 形象设计中,也充分展现扎实且深厚的美术功底,形象地把不同的花与茶的组合进行拟人化,根据不同的花和茶的特性赋予其人的性格,设计出四款包装形象,分别是活泼乐观的 20 岁珠兰花白茶女孩、温柔体贴的 21 岁代代花四季春女孩、高冷聪慧的桂花红茶女孩、活泼开朗又搞怪的 20 岁接骨木花奇兰女孩,并相应地设计了娃哈哈宜茶时饮料包装袋,仍然采用绿色为主色调,凸显出产品清新自然的特色。

● 简洁朴实原则

简洁朴实原则即是要注意突出重点,抓住营销策划中所要解决的核心问题,深入分析,并提出相应的具有可行性的营销对策,要求针对性强,具有实际操作指导意义。策划书的简洁朴实原则首先体现在策划主题名称上,要求主题简洁清晰,尽量不要超过 20 个字符,能在有限的字符中展现核心主题,直击人心,十分考验策划者的概括与提炼能力。

例如,第 12 届全国大学生广告艺术大赛策划案类二等奖作品《爱华新青年——爱华仕营销策划案》主题"爱华新青年"中的"爱华"有两层含义:一是爱我中华;二是爱"爱华仕箱包"。而"新青年"即是指不断探索未知、拒绝被定义束缚、特立不独行的爱华新青年①。策划案运用简洁朴实原则,将爱华仕品牌与消费者之间的联系作为核心主题,突出"爱华新青年,特立不独行"的核心概念。

① 全国大学生广告艺术大赛组委会.创意我热爱:第 12 届全国大学生广告艺术大赛获奖作品集[M].北京:高等教育出版社,2020.

图 7-7　第 12 届全国大学生广告艺术大赛策划案类二等奖作品《爱华新青年——爱华仕营销策划案》（创作者：王洁、施雨洁、王钟迎、张婧妍、梅涣畅　指导老师：罗峻峰）

再如，第 10 届全国大学生广告艺术大赛策划案类一等奖作品《元气奶奶——娃哈哈产品提升方案》提出"元气奶奶"这一核心主题。"元气奶奶中"的"奶"，既简洁又包含多种含义：一是充满活力的元气奶奶，一改老年人保守刻板的印象；二是酸奶的奶，突出给消费者补充元气的娃哈哈大红枣枸杞酸奶产品、娃哈哈芒果酸奶产品；三是电竞游戏中的"奶"，电竞游戏中常说的"奶一口"，意思是有回血技能的英雄给对手中残血的英雄恢复元气，即补充元气的意思①。作者用简洁朴实原则将主题与产品和功能相联系，并进行总结，进而创造出"元气奶奶"这一 IP 形象，突出娃哈哈产品是一款随时随地补充元气的奶饮料，增强消费者对品牌的认知与黏性。

其次，简洁朴实原则体现在策划书正文遵循策划书的编制原则，言简意赅，重点突出。例如，在市场与产品分析中，要以简洁的语言高度概括政治环境、经济环境、社会环境、技术环境等；在 SWOT 分析中简要描述但又要重点突出所分析产品的竞争优势、竞争劣势、潜在机会、外部威胁，这样能够减轻评委的认知负荷。除了用简洁的语言，我们在策划中还可以用简洁的符号、简洁的形状、简洁的线框图展现我们所要表现的内容，这在广告策划的主题阐述中尤其受用。

---

① 全国大学生广告艺术大赛组委会. 创意我闪耀：第十届全国大学生广告艺术大赛获奖作品集[M]. 北京：高等教育出版社，2018.

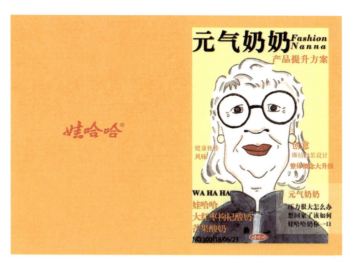

图7-8 第10届全国大学生广告艺术大赛策划案类一等奖作品《元气奶奶——娃哈哈产品提升方案》(创作者：郭景微、寇杰、袁梓云、袁铁飞、袁敏晶 指导老师：韩志强、王煜)

例如，第13届全国大学生广告艺术大赛策划案类三等奖作品《箱亲箱近一帆风顺——爱华仕营销策划案》，从行业分析、产品及竞品分析、消费者分析的角度，用简要的语言突出在同质化严重的箱包市场上，爱华仕很独特，并突出爱华仕箱包的产品定位是"一款超顺的商务行李箱"，适合即将踏入职场的大四毕业生和职场新人这一消费群体。

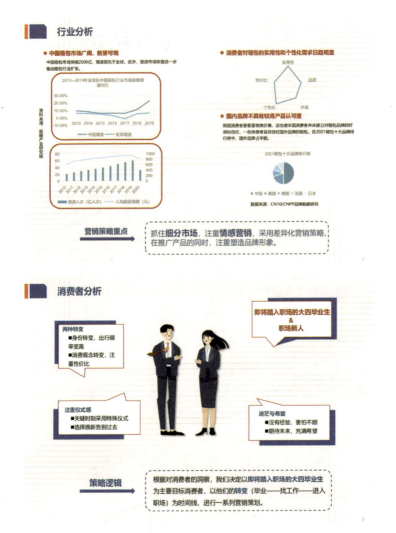

图 7 - 9　第 13 届全国大学生广告艺术大赛策划案类三等奖作品《箱亲箱近　一帆风顺——爱华仕营销策划案》(创作者:袁文芳、聂梦怡、朱怡婷、杨宵临、袁敏　指导老师:黄清华、张燕)

再次,简洁朴实原则还体现在整体营销活动上,因为作品展示的篇幅有限,我们不能面面俱到,只能挑重点、有逻辑地、简洁地将活动展现在作品上。

例如,在第 13 届全国大学生广告艺术大赛策划案类一等奖作品《一分钟灵魂出游——俊平中国香气洁面慕斯双十一营销策划方案》中,一张 PPT 上面简洁地将营销策略分为三个阶段,分别是灵魂出游(预热阶段)、灵魂纵歌(爆发阶段)、灵魂漫游(持续阶段),针对年轻人压力过大、被迫"内卷"、缺乏放空时间的社会现象,呼吁年轻人共同对抗焦虑,守护"灵魂净土"①。

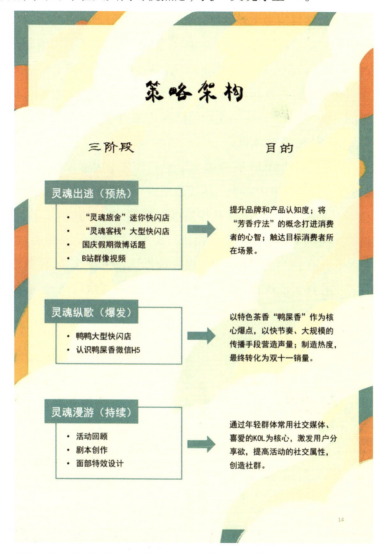

图7-10　第13届全国大学生广告艺术大赛策划案类一等奖作品《一分钟
灵魂出游——俊平中国香气洁面慕斯双十一营销策划方案》的策略架构(创作
者:肖雨佳、郑一苇、陈郅悦、苏福洋　指导老师:张翔)

① 全国大学生广告艺术大赛组委会.创意我发现:第13届全国大学生广告艺术大赛获
奖作品集[M].北京:高等教育出版社,2021.

● 可操作性原则

广告策划的最终目的是实施,以帮助广告品牌更好地提升品牌口碑与影响力,增强目标群体对品牌的认知度与忠诚度,因此广告策划书的编制必须有可操作性,以使策划中的创意和想法真正落到实处,使广告效果和经济效益得以实现。这种可操作性包括活动环境条件的可能性、广告策划创意的可执行性以及媒介渠道的可使用性、广告主的实际经济执行能力等。这样的策划书才是实用的,而不是空有创意、无法实施。

例如,在上文提到的第 13 届全国大学生广告艺术大赛策划类一等奖作品《一分钟灵魂出游——俊平中国香气洁面慕斯双十一营销策划方案》中,预热阶段分别在微博引起话题讨论,在 B 站传播群像视频,在微博、小红书、抖音等社交平台邀请探店类的 KOL(关键意见领袖)、KOC(关键意见消费者)进行快闪店的宣传与推广。在整个营销活动中,媒介选择具备可操作性,广告的媒介预算和活动预算也在广告品牌商的承受范围之内,具有可执行性,能有效确保策划中的创意和想法真正落到实处。

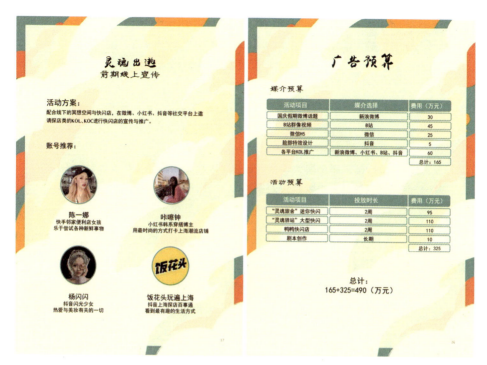

图 7-11　第 13 届全国大学生广告艺术大赛策划案类一等奖作品《一分钟灵魂出游——俊平中国香气洁面慕斯双十一营销策划方案》的推广方案（创作者：肖雨佳、郑一苇、陈郅悦、苏福洋　指导老师：张翔）

第二节　广告策划案的创意及创新性

一、有没有核心概念？

传播主题即策划案的核心概念，是广告策划案的核心所在。传播主题的提炼，要经过逻辑推导分析。一个成功的传播主题要在社会文化的大环境下进行快速传播，就要契合社会环境，也要同目标用户互动，满足目标用户的需求，打动目标用户，同时准确地表达产品的特点与功能诉求。

例如，第 7 届全国大学生广告艺术大赛策划案类金奖作品《不做小气鬼——洁婷透气型卫生巾营销策划案》，将目标消费者与产品洁婷透气型卫生巾的特点相结合，强调消费者用了洁婷透气型卫生巾，"不做小气鬼"这个核心主题概念。

用了洁婷透气型卫生巾
就不会变成 小气鬼

不做小气鬼

图7－12　第7届全国大学生广告艺术大赛策划案类金奖作品《不做小气鬼——洁婷透气型卫生巾营销策划案》(创作者:阮若兰、王梦岐、李若雪、朱婧妍、周岩　指导老师:吴冰冰)

再比如,第12届全国大学生广告艺术大赛策划案类二等奖作品《"不打烊"女孩——自然堂粉底液校园营销策划案》的核心概念主要阐述两个方面。一方面从粉底液的功效和优势出发,展现自然堂粉底液有成分养肤、持久、不脱妆、保持妆面"不打烊"的优势。另一方面结合 Z 世代年轻女孩的特性,将主题升华,希望 Z 世代女孩自由自信,敢于尝新,坚持努力,学习生活"不打烊"的积极

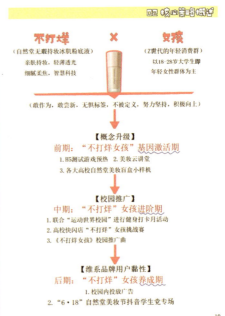

图7－13　第12届全国大学生广告艺术大赛策划案类二等奖作品《"不打烊"女孩——自然堂粉底液校园营销策划案》(创作者:孙婧、单雨萌、蒙栩钒、李丽丽、段欣欣　指导老师:王丽娜、沈月城)

态度①。通过这两方面的阐释可以很好地拉近产品与目标受众的距离,从而更好地挖掘目标消费者的诉求,进行多种方式的整合营销,让产品深植于受众内心。

● **前期准备:深入消费者群体**

了解用户画像对确定广告策划的核心概念至关重要。广告创意的表现、营销传播活动方案的制订、媒体的组合与选择皆要以用户画像为基本准则,符合目标用户属性。这就要求我们在前期准备工作中,充分深入消费者群体,了解消费者的心理需求。只有在准确的消费者心理分析基础上,得出准确的消费者画像,广告的核心主题才能紧密联系产品与消费者,广告投放才能发挥最优效果,创意广告内容才更容易同消费者产生情感共鸣,给用户留下比较深刻的印象。

例如,第13届全国大学生广告艺术大赛策划类二等奖作品《美美子的21个日夜——奥美生活新品策划案》的策划者在前期进行大量的消费者问卷调查后,分析得出消费者形象——在消费上注重性价比、在生活上精致护肤、勇于尝试新鲜事物的大学生群体及初入职场的工作党。在得出准确的用户画像后,策划书覆盖毕业季、升学季,为奥美生活新品打造了一套线上＋线下的新品营销策划案,具有针对性、目标性。

图 7 – 14　第 13 届全国大学生广告艺术大赛策划类二等奖作品《美美子的21 个日夜——奥美生活新品策划案》(创作者:赵华岚、康彤羽、夏诗晴、李佳丽、王榕洁　指导老师:孙铭欣)

① 全国大学生广告艺术大赛组委会.创意我热爱:第 12 届全国大学生广告艺术大赛获奖作品集[M].北京:高等教育出版社,2020.

● 找出产品的最大亮点

找出产品的亮点对策划核心主题也是十分重要的。在传播主题中,结合产品亮点,是十分有用的途径。

例如,第 13 届全国大学生广告艺术大赛策划案类二等奖作品《拒绝毛躁,大胆去 ZAO》的创作者前期充分对产品 100 年润发精油奢护洗发露(水漾柔滑)进行分析,找出产品专业植护、水润去毛躁的亮点与卖点,突出该产品更了解中国消费者的需求,专业去毛躁,是"毛躁克星",提出"拒绝毛躁,和 100 年润发精油奢护洗发露做一个敢做敢 ZAO 的热血青年"的核心主题,使消费者和产品产生共鸣,提升产品价值,强化品牌理念。

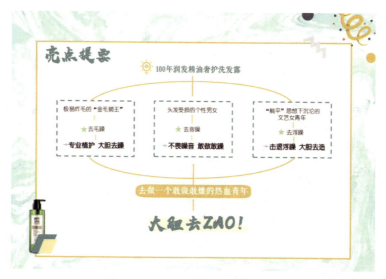

图7-15　第13届全国大学生广告艺术大赛策划类二等奖作品《拒绝毛躁，大胆去ZAO》(创作者：朱明樾、焦一然、傅嫄倩、周林汐、王哲科　指导老师：刘娇娇、颜志香)

● **塑造打动人心的品牌形象**

在核心主题概述中，根据消费者调查与产品分析塑造打动人心的品牌形象，提升品牌形象，能更好地凸显产品与竞争对手之间的区别，提高消费者的品牌忠诚度。例如，第12届全国大学生广告艺术大赛策划案类一等奖作品《有盏灯永远在等你——京东便利店营销策划案》突出年轻人在刚步入社会，一个人承担生活重担，没有归属感，被束缚，找不到属于自己的灯的时候，京东24小时便利店愿意做"为年轻人永远亮着并等候的灯"，提供24小时贴心温暖的服务和完善的设施，成为年轻人安抚情绪和释放压力的港湾①。策划者在塑造京东便利店温暖、打动人心的品牌形象时，得出策划的核心主题概述，通过建立品牌与消费者之间的深层情感联系，增强用户黏性，从更深层次引起消费者的共鸣，提升品牌形象，使京东便利店成为更多年轻人购物和体验生活的较优选择。

---

① 全国大学生广告艺术大赛组委会.创意我热爱：第12届全国大学生广告艺术大赛获奖作品集［M］.北京：高等教育出版社，2020.

图7-16 第12届全国大学生广告艺术大赛策划案类一等奖作品《有盏灯永远在等你——京东便利店营销策划案》(创作者:吕家影、陈家南、梅怡佳、张智博、张逸醇 指导老师:张翔)

二、有没有创新性策略?

广告策划案的创意及创新性除了要看核心主题概述,还要观察是否具备创意性、创新性策略。例如产品策略、广告策略、公关策略、促销策略、媒体策略。

比如,第13届全国大学生广告艺术大赛策划案类三等奖作品《小屋见大乌》的营销策略分为三个阶段,分别是"一屋"纳百川、"一屋"贯中西、"一屋"购全球。"一屋"谐音为义乌,体现了义乌开放包容、国际化、进口贸易发达的特点①。在"一屋"购全球营销阶段,运用"谁是大富翁"这个经典游戏,线上线下同时联动开展活动,并邀请《极限挑战》节目组录制真人实景大富翁游戏,为活动引爆热度。活动策划中,策划者将经典的"谁是大富翁游戏"改编成"义乌大富翁",贴合义乌进口贸易城市的主题,同时确保风格适合年轻人,让年轻人在

---

① 全国大学生广告艺术大赛组委会.创意我发现:第13届全国大学生广告艺术大赛获奖作品集[M].北京:高等教育出版社,2021.

玩游戏中体验到商品贸易过程。在游戏设计中,策划者还运用经济学知识和商品交易的市场规律,设计出免税卡效果图以及基本模型,既有经典游戏的运用,又有自己的创新,让玩家在亲身体验游戏时感受到义乌进口贸易的广泛性和便利性,让"义乌购全球"的理念深入人心。

再如,第 11 届全国大学生广告艺术大赛策划类二等奖作品《In 季——宜茶时线上推广方案》根据消费者与产品之间的连接点——消费者注重"in fashion",宜茶时应季,得出品牌主张:每季上新,浓缩应季元素,为年轻人提供理解应季时尚的新角度。

图 7 - 17　第 11 届全国大学生广告艺术大赛策划类二等奖作品《In 季——宜茶时线上推广方案》(创作者:唐小卜、雷雨轩、程安安、郑昊男、胡晓阳　指导老师:张翔)

在该策划案中,原创手绘设计部分将产品的花和茶元素融入女孩子日常佩戴的胸针、耳饰,以时尚元素加强产品与消费者之间的联系。平面设计中根据产品的时尚、应季调性,选择接骨木花、珠兰、接骨木、代代花、桂花作为手绘元素,将时尚元素融入年轻女性的穿搭配饰中,以年轻人经常接触到的时尚场景作为营销策略,传达品牌所主张的时尚与人 in 季相处之感。

原创手绘设计

我们原创了手绘水彩风格的花和茶。定格清新时尚。置身于季节元素敲响的时尚灵感中,女孩子们不免产生"把这些花或茶搭在自己身上一定很好看"的期待。洞察到这种普遍的心理期待,宜茶时将这些花和茶元素融入女孩子日常佩戴的胸针、耳饰上,以时尚元素周边赋予这些穿搭神器更个性的色彩。满足女孩子对时尚饰品的纯粹好感,并将这种好感满足感顺势迁移到宜茶时茶饮料本身。

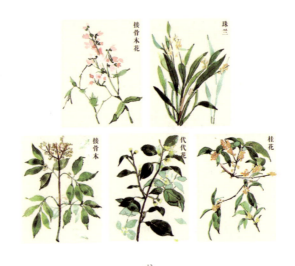

-12-

图 7 - 18 《In 季——宜茶时线上推广方案》原创手绘设计

在营销策略上,举办了 In 季穿搭大赛、In 季变装挑战大赛等。在风格搭配评选赛中,宜茶时与时下最受女性欢迎的少女风换装游戏奇迹暖暖联合举办主题为"茶系少女"的时尚搭配大赛,针对奇迹暖暖的用户,进行游戏内部活动公告弹窗宣传。两者的品牌调性一致,游戏用户也是宜茶时品牌的目标消费群体。线上宣传手段既做到了创新,又有趣、有效,能更好地吸引目标消费群体注意,引发目标消费群体产生购买行为,增强目标消费群体对品牌的好感度。

三、创意质量如何?

广告策划的创意质量如何主要看广告创意表现部分。广告创意表现部分将全过程运用到营销传播的整个过程,形式主要以平面广告和视频广告为主。在不同的媒体进行投放时,需要结合媒体特点,设计出具有针对性的广告。

在进行平面广告的创意提炼时,创意海报要想打动用户,第一步就需要对用户的消费痛点进行挖掘,将其与产品的功能诉求和用户的情感诉求相结合。在进行视频广告的创意提炼时,可以采用情感共鸣型、直观表现型等视频设计方式,让广告更加深入地走进消费者的心里。

例如,第16届中国大学生广告艺术节学院奖春季赛唯一"策划书全场大奖"作品《灰度认知》,以"腾讯新闻"作为策划服务对象,前期基于广泛的数据调研,从打造差异化品牌出发,寻找用户的需求痛点、自身优势、品牌定位,之后

图7-19 第16届学院奖春季赛"策划书全场大奖"作品《灰度认知》(创作者:曾丽林、钟雯芸、应莹、黄维、刘文涓 指导教师:祝胜军)

结合"腾讯新闻"的使用场景和热点给出了具体的营销策略和执行方案,既灵活运用了传统广告营销手段(比如新闻发布会、地铁户外广告等),又巧妙地使用了包括 H5、微信、大数据等新媒体技术。

在广告策划创意上,《灰度认知》的营销主题切入点足够"小而精"。"世界从来不是非黑即白,真实的新闻也不是非黑即白。它应该全面还原这个世界的真实颜色——18 度灰。"

《灰度认知》的创意同样直击人心。作品运用 H5 形式,并巧妙地运用重力感应技术,达成了双线故事的目的。灰度认知体验屏通过调节灰度来改变整体画面的完成度,实实在在地扣住了主题,让受众一试便知何为"自然灰度"。

《灰度认知》策划组设计的地铁海报也很有创意。他们通过一种透镜印刷技术,使人们在不同角度看到的海报画面发生变化。"换个角度,了解真相。""走进腾讯,看清真相。"这样的创意让人眼前一亮,具有很高的创意质量。

图 7-20 《灰度认知》策划组设计的地铁海报

另外,《灰度认知》策划组所做的创意展示海报都是怪诞、荒谬的风格,通过对不同物体的分割、组装来达到直击人心的效果。海报主题聚焦备受人们关注的新闻话题,配合怪诞的画风,既体现主题"灰度认知",又有深刻内涵,具有社会价值。

第三节　广告策划案的预算及可行性

一、媒体使用是否合理？

媒介是营销的重要一环,不同的媒体投放决策会对广告效果产生一定的影响。其中,广告媒体渠道策划是现代广告策划的重要部分,对广告宣传的成败有重要的影响。选择广告媒体应充分考虑媒体的性质、特点、地位、作用,媒体的传播数量和质量,受众对媒体的态度,媒体的传播对象以及媒体的传播费用等因素,再根据广告目标、广告对象、广告预算等进行综合分析与权衡,从而选择组合和运用。策划者可以根据广告创意的类型、品牌形象与个性、消费者的触媒习惯等相应地选择合适的媒介使用渠道,使之精准、有效地投放广告内容,达到较好的广告效果。

媒体形式广泛多样,除了传统的新闻发布会、地铁户外广告、影视广告等,还可以采用一些新媒体形式,例如微信的信息流广告、H5、直播等。

在第11届全国大学生广告艺术大赛策划案类二等奖作品《一脉“箱”承》中,为提升爱华仕箱包的知名度与消费者的品牌忠诚度,策划者将营销策略分为三个部分,分别是初期家箱(乡)、不同凡箱、箱伴同行①。在活动的第一阶段,也就是形成消费者对品牌的认知阶段,采用新浪微博作为媒体渠道,发起相关的话题讨论与话题转发,并邀请相关大V参与,引发网友的积极参与和讨论;在形成消费者对品牌的了解阶段,以新浪微博、线下KA卖场、地铁车厢为活动平台,线下线上联合推出爱华仕城市文化系列箱包,同时在相关城市推出文化地铁专列,扩大了爱华仕箱包的市场认知度;在活动的第三阶段,也就是形成消费者对品牌的认同阶段,借助《青春环游记》综艺节目广告植入的媒体形式,将爱华仕箱包对文化的传承展现给消费者,让消费者对爱华仕箱包形成良好的品牌印象,促进消费者对品牌的认同。该策划案合理利用不同的媒介传播渠道,不仅可以降低受众的排斥感,还可以确保获得的用户流量精准,取得更好的广告效果。

---

① 全国大学生广告艺术大赛组委会.创意我飞跃:第11届全国大学生广告艺术大赛获奖作品集[M].北京:高等教育出版社,2019.

家箱（乡）

① 活动时间：2020年1月25日-2020年2月9日
② 活动平台：新浪微博
③ 活动目的：以风土人情为切入点，从不同的民风民俗体现每个城市独特的文化，加强爱华仕的品牌影响力，为后续活动积累热度。
④ 活动内容：新年初始爱华仕在新浪微博开启"箱子里的风土人情"活动，吸引网友参与，同时爱华仕自己也参与活动，晒出爱华仕品牌创始地家乡的特产。

活动执行

1. 爱华仕官方微博在新年初始发起 # 箱子里的风土人情 # 话题吸引网友参与活动，并发布爱华仕品牌创始地的特产，鼓励网友晒出自己的家乡的特产、特色物品等，引发大家对不同地域不同风俗的趣味讨论。
2. 邀请微博大 v 附带话题转发，引发网友参与讨论。

不同凡箱

① 活动时间：2020年2月9日-2020年3月1日
② 活动平台：新浪微博、线下 KA 卖场、地铁车厢
③ 活动目的：爱华仕以城市文化为主要营销切入点，推出含有城市文化元素的系列箱包，以独具特色的外表与市面上的其他箱包产生区别，提供给那些奋斗在一线城市的年轻人不一样的箱包，体现爱华仕箱包"不重 Young"的特点，为的是将文化效益转换为经济效益；同时开启文化地铁专列活动，增强爱华仕的品牌知名度，扩大爱华仕箱包的市场。
④ 活动内容：爱华仕推出城市文化系列箱包，同时在相关城市推出文化地铁专列。

箱伴同行

① 活动时间：2020年4月1日-2020年6月1日
② 活动平台：《青春环游记》综艺节目
③ 活动目的：借助节目广告植入，做公益活动，表达爱华仕对城市文化传承的支持。扩大爱华仕品牌的知名度，同时提高品牌企业文化的温度与广度。
④ 活动概述：《青春环游记》作为一档文化旅游探索类综艺，通过结伴出行旅游的形式，围绕"城市因人而骄傲"的主题，具体讲述不同城市的历史人文，彰显中华文化的源远流长和博大精深。爱华仕向节目录制地当地的文化捐赠一笔"文化守护基金"，表达爱华仕对城市文化传承的支持和鼓励。

活动执行

活动一
2020年4月1日爱华仕与《青春环游记》综艺合作，在每一期节目组设置的游戏环节中，爱华仕将以最终获胜的一组嘉宾的名义，向节目录制地当地的文化捐赠一笔"文化守护基金"。

图7-21　第11届全国大学生广告艺术大赛策划案类二等奖作品《一脉"箱"承》（创作者：罗丽婷、陆鹏卉、侯梦珂　指导老师：韦笑、王功名）

二、预算是否合理？

能否制定合理的广告预算，以及围绕可行的广告预算开展广告活动，是广告策划是否具有实施意义的重要指标。而广告预算的匡算，则是企业广告活动得以顺利开展的保证。① 广告预算过低，有可能造成广告收效甚微的后果；广告预算过大，有可能造成资源浪费。因此，广告预算应该符合"投入少，效果好"的广告效益要求，使企业实现成本的效益最大化。

---

① 黄升民，段晶晶.广告策划:第三版[M].北京:中国传媒大学出版社,2018:237.

广告预算通常采用图表的形式,内容一般包括营销活动费用(活动预算)、广告投放费用(媒体预算)、总费用(总计)。

例如,第 11 届全国大学生广告艺术大赛策划案类三等奖作品《半糖主义——娃哈哈新品营销策划案》,清晰明了地以表格的形式呈现活动预算、媒介预算以及总费用,并且对线上活动和线下活动的费用做了一定的区分,符合策略单的要求。策划者将娃哈哈平价新品的多渠道整合传播活动费用控制在 300 万以内,较符合公司的定位与预算。

项目	活动预算 (万元)	媒介预算 (万元)	合计 (万元)
视频类广告		腾讯视频20 优酷10	30
减糖实验室	地区租金20 场馆建设5 人工费3 奖品3	微博大V转发15 环境媒体5	51
"半糖+"线下 地推	地区租金10 人工费3 奖品6	微博大V转发15 环境媒体5	39
H5:测一测你 生活的平衡度	开发费用3	微信公众号 6 美团植入 3	12
平衡伴糖—— 与三石弟弟的半 糖生活	吴磊推广费100	微博推广8	108
抖音:半糖青年 搜寻令	奖品2	环境媒体6 微博大V转发15 抖音红人宣传 30	53
			293

图 7-22　第 11 届全国大学生广告艺术大赛策划案类三等奖作品《半糖主义——娃哈哈新品营销策划案》(创作者:王逸潇、何湘琳、王悦琦、张联怡、郑倩 指导老师:王婉如)

综上,经费是保证所有策划可能被实施的主要因素之一。因此,在任何策划书的写作中,都要考虑经费预算。策划者需要在现实经济资源允许的条件下进行活动排期,以保证策划的可行性,否则就是纸上谈兵。

文 案 篇

第八章　广告文案概述

第一节　广告文案的定义

一、广告文案的基本定义

广告文案是广告中具有基础性作用的组成部分,在广告产生和发展过程中不断形成自己的体系。目前关于广告的基本定义有比较一致的解释:"已经完成的广告作品的全部语言文字部分。"①语言包括口头语言和书面语言,因此广告作品中的图片、动画等元素不在广告文案的范围内。

广告文案包括四个组成部分:标题、正文、附文、广告口号。例如,第 13 届全国大学生广告艺术大赛长文案一等奖作品《这个 C,很能装》②:

它是 Candy,

甜味担当,

和它在一起,

整个世界都变得甜腻腻的。

它是 Color,

门面担当,

和它走在一起,

所有目光都被它占据。

它是 Chill,

贴心队长,

手忙脚乱的时候,

总能为你搭把手。

---

① 高志宏,徐智明.广告文案写作[M].北京:中国物价出版社,1997:4.
② 全国大学生广告艺术大赛组委会.创意我发现:第13届全国大学生广告艺术大赛获奖作品集[M].北京:高等教育出版社,2021.

它是 Center,

永远的中心位,

不论它在哪里,

一眼就能够被看见。

它是爱华仕糖果箱,

一个很能装的 C。

（爱华仕糖果箱）

（创作者：徐嘉怡　指导老师：朱洁）

在该广告中,"这个 C,很能装"是广告文案的标题,"它是爱华仕糖果箱,一个很能装的 C"是广告口号,其他内容为广告正文。该作品通过四个排比句,使用四个"C"为首字母的单词,将爱华仕糖果箱拟人化为甜味担当、门面担当、贴心队长和中心位,突出糖果箱醒目和容量大的特点。

在参加全国大学生广告艺术大赛时,可以投稿文案和长文案。文案可以简单理解为广告口号,应短小简洁,符合新时代的传播特征。长文案则按照惯例包括广告文案的四大部分,有时可以省略广告附文。

又如第 12 届全国大学生广告艺术大赛平面类三等奖作品《京东便利店》①的广告文案：

你想要的,我都有! 不只是你们的"伙伴",也是你们的"万能袋"。京东便利店,生活新选择。

你需要的,我来送! 陪伴就是时刻到你身边,无论是"十万八千里"。京东便利店,生活新选择。

该广告文案组成部分较完整。"你想要的,我都有!""你需要的,我来送!"是广告标题。"京东便利店,生活新选择"是广告口号,是固定不变的,用来统一输出品牌的调性。其他文案是广告正文。广告附文进行了省略处理。该文案传达了京东便利店是年轻人购物和体验新生活方式的优选的广告主题。该文案使用了比喻和排比的修辞手法,将京东便利店比作哆啦 A 梦和孙悟空,能够解决生活中的大小事情,感性地讲述了京东便利店的两大特点："陪伴"和"新选择"。

---

① 全国大学生广告艺术大赛组委会.创意我热爱:第 12 届全国大学生广告艺术大赛获奖作品集[M].北京:高等教育出版社,2020.

图 8-1　第 12 届全国大学生广告艺术大赛平面类三等奖作品《京东便利店》（创作者:林彦良　指导老师:曹玉敏）

二、广告文案与新闻稿件的关系

真实性原则是新闻的生命,它要求新闻报道中的各要素都经得起事实的考验。同样,广告文案也要求真实可靠,不可脱离广告整体而天马行空。但广告文案的真实性是有范围尺度的,其表现内容和主题必须与事实相符,表现方式可以不完全是真实的、现实的,允许使用虚构的形式。具体的区别表现在以下几个方面:写作角度、表达方法、传播媒介、受众和诉求对象、时效性等。①

三、广告文案与文学作品的关系

广告文案写作经常运用文学写作手法,以达到影响受众的广告效果。文学创作的目的是抒发作者情感、引起读者共鸣,而广告文案创作的目的是告知广告信息、有效与消费者沟通、促进商品销售、塑造品牌形象等。

---

① 郭有献.广告文案写作教程:第四版[M].北京:中国人民大学出版社,2019:5.

第二节　广告文案的作用

一、表现广告主题

　　广告主题是广告的核心,是广告的中心思想,是广告内容和目的的集中体现和概括,是广告诉求的基本点,也是广告创意的基石。广告主题有三个基本组成部分:广告目标、信息个性和消费心理,三者相辅相成。① 广告创意是指通过特殊的技术和巧妙的设计,达到吸引受众、促进消费的目标的创作。广告主题除了通过图像、影音等形式,还可以通过广告文案来进行传达,文字同样可以起到震撼人心的作用。广告文案就是广告创意的文字化展示。例如,第 13 届全国大学生广告艺术大赛长文案三等奖作品《发光出门》②的广告文案:

发 光 出 门

懂你的开学熬夜焦虑症

觉得东西怎么都带不够

行李箱里塞了又塞,装得满满

懂你的恋爱熬夜上瘾症

对话框聊了一遍又一遍

久久不能入眠

懂你的面试熬夜慌乱症

简历、证书、身份证

害怕更优秀的出现

那自己是不是会落选

Hey 朋友

扔掉顾虑,撕掉标签

和一叶子熬夜精华一起

发光出门

---

　　① 刘建明.宣传舆论学大辞典[M].北京:经济日报出版社,1993:3.
　　② 全国大学生广告艺术大赛组委会.创意我发现:第 13 届全国大学生广告艺术大赛获奖作品集[M].北京:高等教育出版社,2021.

（一叶子熬夜精华）

（创作者：张帅帅　指导老师：王坤茜）

该广告文案生动地表现了广告主题,广告目标是告知消费者使用一叶子熬夜精华后可以缓解熬夜带来的问题,发光出门。信息个性体现在用拟人的手法把一叶子熬夜精华"懂你"的贴心形象展现出来。消费心理体现在广告文案从情感上指出消费者的痛点,结合消费者的具体心理进行广告说服。

又如第 12 届全国大学生广告艺术大赛平面类二等奖作品《爱华青年,美好相伴》①的广告文案:

爱华青年,助力我们激情四射。

爱华青年,助力我们挑战极限。

爱华青年,助力我们比翼双飞。

（创作者：陈鑫洋、李凯旋　指导老师：曹艳芳）

① 全国大学生广告艺术大赛组委会.创意我热爱:第 12 届全国大学生广告艺术大赛获奖作品集[M].北京:高等教育出版社,2020.

图 8 - 2　第 12 届全国大学生广告艺术大赛平面类二等奖作品爱华仕爱华青年系列箱包《爱华青年,美好相伴》(创作者:陈鑫洋、李凯旋　指导老师:曹艳芳)

该广告作品的主题是年轻人的时尚出行装备。爱华青年系列箱包是爱华仕为年轻人定制的时尚年轻态箱包产品,具有时尚、热血、自由、有趣的特点。该广告文案中的"激情四射""挑战极限""比翼双飞"正是年轻人独立自信、勇敢自由的追求。广告文案满足了年轻人对生活和时尚的追求,将品牌理念与年轻人的态度和观念融合。该文案表达了广告主题,强调了品牌调性,也诠释了青年文化。

二、告知产品信息,促进商品销售

AIDMA 模型[A——attention(引起注意);I——interest(引起兴趣);D——desire(唤起欲望);M——memory(留下记忆);A——action(购买行动)],由美国广告学家 E. S. 刘易斯提出。广告文案的标题简短、生动,能够吸引受众的注意力,激发兴趣。广告正文要求把要告知的信息囊括在内,描述产品和服务,增进受众的了解,激发消费者的购买欲望。广告口号彰显着品牌的个性和特征,带有趣味性和独创性的特点,朗朗上口的广告口号可以给受众留下深刻记忆。广告附文作为广告文案的补充说明,能够促成消费者的购买意愿和购买行为。

例如第 13 届全国大学生广告艺术大赛长文案三等奖作品《生活》①：

生　活

一张安静的 CD，

在海边苏醒的遐想，

海浪翻涌，此起彼伏。

奥美生活洗脸巾，

A 面平缓，B 面强势。

一块精致的蛋糕，

奶油层层铺满，

一口绵实，一口松软。

奥美生活洗脸巾，

加厚加大，洁净回答。

一盆清新的绿植，

在窗台发呆的午后，

光影斑驳，苍翠欲滴。

奥美生活洗脸巾，

植物纤维，自然本原。

一只柔软的玩具熊，

怀抱着的安全感，

美好亲密，温暖安定。

奥美生活洗脸巾，

医护品质，使用安心。

（奥美洗脸巾）

（创作者：徐书吟、郭汀滢　指导老师：秦东旭）

该文案用四段排比句描述了奥美洗脸巾的产品功效（A、B 面的不同功效）、产品设计（加厚加大）、材质成分（天然植物纤维）、产品安全（医护级别的安全品质）。通过刻画生活中宁静惬意的场景，告知消费者奥美洗脸巾的产品信息，增进消费者对产品和品牌的了解，唤起消费者的购买欲望，促进产品的销售。

---

① 全国大学生广告艺术大赛组委会.创意我发现：第 13 届全国大学生广告艺术大赛获奖作品集［M］.北京：高等教育出版社，2021.

三、塑造品牌形象

品牌形象是企业在市场和消费者心中形成的个性化印象。有效的广告能够让品牌形象在市场定位和消费者心中占有一席之地。广告文案配合其他广告表现形式,能够向消费者传达企业自身所具有的某种外在特征和内在特质,形成品牌风格,进而向消费者传递品牌信息。

例如,第12届全国大学生广告艺术大赛长文案三等奖作品《"箱"当出彩》[①]:

"箱"当出彩

第一篇·黑色·时尚

黑色是张扬还是低调?

不去定义,也不被定义,

滚轮旋转,我主导我的方向,

年轻,就是坚持真我。

第二篇·红色·热血

红色是伤口还是勋章?

不会退缩,也绝不莽撞,

行李已经装好,少年随时出场,

年轻,就是敢做敢闯。

第三篇·蓝色·自由

蓝色是天空还是海洋?

敢用翅膀飞翔,也敢流浪,

规则框不住我的脚步,

年轻,就是活出我的模样。

第四篇·黄色·有趣

黄色是热气球还是跷跷板?

不甘平凡,消解平淡,

解放双脚,体验未知,

年轻,就是玩出不同花样。

---

① 全国大学生广告艺术大赛组委会.创意我热爱:第12届全国大学生广告艺术大赛获奖作品集[M].北京:高等教育出版社,2020.

（爱华仕箱包）

（创作者：杨睿一）

该广告文案是爱华仕爱华青年系列行李箱的广告文案，以年轻一代为目标消费者，用四种不同的色彩代表不同的性格，展现年轻人自由无畏的精神，同时塑造了爱华仕爱华青年系列的品牌形象，引起年轻消费者的共鸣，让年轻消费者对品牌形成独一无二的认知和偏好。品牌在进行形象塑造时，不仅可以塑造有形形象，如品牌标识、产品包装设计，还可以塑造无形形象，如品牌核心价值、知名度和忠诚度。广告文案的创作作用于无形形象。品牌瞄准目标消费者进行市场细分，按照描画的目标消费者画像进行文案创作，结合品牌找到共鸣之处，用文字艺术加工形成广告文案。

又如第 13 届全国大学生广告艺术大赛长文案二等奖作品《Ta 到底什么样？》①：

Ta 到底什么样？

Ta 有颜，

精致是一种生活态度，

品位不俗，时尚不输。

Ta 有料，

潮流也要有内涵，

充实内心，自在丰盈。

Ta 有趣，

牙膏与奶茶擦出火花，

敢造敢做，敢为人先。

云南白药奶茶牙膏，治愈你的日与夜。

（创作者：张梦凡　指导老师：占佳聪）

该文案通过描述云南白药的"三有"——有颜、有料、有趣，突出云南白药的三种特点——精致、潮流、大胆。拟人化的修辞手法使云南白药奶茶牙膏的形象更加鲜活，有说服力，更能与消费者产生共鸣，同时运用一些夸张和想象的广告文案使品牌形象更加契合消费者的实际需求。

---

① 全国大学生广告艺术大赛组委会. 创意我发现：第 13 届全国大学生广告艺术大赛获奖作品集［M］. 北京：高等教育出版社，2021.

第三节　广告文案的地位

一、广告创意的文字化表现

广告文案是创意的文字化表现,在广告创意中处于核心地位,是广告创意的灵魂。广告文案创作者根据产品的特点和消费者的心理需要,通过精心构思写出富有创意的语言文字作品。广告文案通过简洁、生动、精炼而富有特色的文字,描述产品的特色、卖点和主要性能。在广告活动中,任何成功的广告都离不开好文案。好文案能够将消费者从复杂而烦琐的信息中解脱出来,通过有效而又有吸引力、说服力的文字获取产品信息。因此,优秀的文案在创意构思过程中要做到主题明确、语言生动、节奏明快、文字简洁,同时要注意表现手法上的创新和变化。

二、广告策划的语言化呈现

广告策划是一种科学而系统的理论指导,而广告文案则是对策划内容进行形象化、艺术化呈现,从而让消费者在心理上产生认知,在情感上产生共鸣。在实践中,很多企业的策划人员往往只重视创意本身,而忽略了广告文案的重要性,以至于出现很多策划人员不会写文案、写不好文案的现象。事实上,好的创意和文案,是整个广告活动取得成功的重要因素之一。在进行广告策划时,往往需要根据市场需求、产品特性等进行市场分析与竞争分析,从而确定产品销售目标与市场定位。在此过程中,不仅要做好产品定位、产品功能、市场环境等因素的分析,也要做好消费心理、消费需求等方面的调查研究。只有经过系统全面的分析研究之后,才能确定好产品和市场定位,进而确定好创意。

第九章　广告文案的创意技巧

第一节　广告诉求与广告文案

一、理性诉求的广告文案

理性诉求广告是一种说明道理的广告,通过广告传达的产品信息、功能、用途,唤起消费者的理性思考,从而使他们做出购买行为。

理性诉求文案有以下要求:

1.广告文案中描述的产品信息必须真实可靠,赢得消费者的信任。

2.广告文案需要体现购买的必要性和理由,以打动消费者。

例如,第13届全国大学生广告艺术大赛长文案三等奖作品《奶茶牙膏,双十一脱单神器》[①]:

奶茶牙膏,双十一脱单神器

不敢和他靠近,怕口气尴尬?

试试桃桃西柚奶盖款牙膏,

秒变清新女孩,

脱单不是梦!

不敢露齿微笑,怕漏出黄牙?

试试草莓薄荷冰冰茶款牙膏,

亮白洁齿力 Max,

交往更自信!

不敢出去约会,怕蛀牙疼到失态?

试试满杯奇遇鲜果茶款牙膏,

健口防蛀,多重防护,

---

① 全国大学生广告艺术大赛组委会.创意我发现:第13届全国大学生广告艺术大赛获奖作品集[M].北京:高等教育出版社,2021.

丛容每一刻!

不敢向他表白,怕牙龈问题一览无余?

试试3分甜啵啵奶茶牙膏,

卓效修护,甜而不腻,

爱情更甜蜜!

云南白药"治愈之茶"牙膏,

你的脱单神器!

(创作者:吴雨思　指导老师:闵毅)

该文案说清了云南白药奶茶牙膏的具体功效和使用场景,唤起了消费者的使用诉求。口气、牙黄、蛀牙、牙龈不好等正是人们普遍面临的牙齿问题,该文案将这些问题用文字语言呈现出来,精准击中消费者的痛点——消费者需要有口气清新、牙齿亮白、防护蛀牙、修护牙龈等功效的牙膏。该广告文案唤起了消费者的理性诉求,体现了购买的必要性。

二、感性诉求的广告文案

感性诉求以传递商品的精神属性来满足消费者的情感需求为目标,引起消费者的共鸣,提高消费者对品牌或产品的好感度,从而激发消费者的购买欲望和行为。感性诉求文案清楚或模糊地表达出消费者对某种产品或服务的情感反应。消费者在接收到这种情感诉求后,会产生共鸣与认同,进而对该产品或服务产生好感。

感性诉求文案有以下要求:

1. 抓住消费者的痛点进行创作,使消费者产生联想和想象。

2. 依赖感觉、情绪、氛围等与消费者建立联系,而不是单纯依赖提供的信息。

例如,第11届全国大学生广告艺术大赛长文案三等奖作品《"助"你成为别人家的孩子》[①]:

"助"你成为别人家的孩子

16岁,情窦初开的年纪,他邀请你去游泳,你心中大喜可转瞬即悲,只能苦笑着对他摇摇头。他明白,你不会,于是转身走向了别人家的孩子。

---

① 全国大学生广告艺术大赛组委会.创意我飞跃:第11届全国大学生广告艺术大赛获奖作品集[M].北京:高等教育出版社,2019.

18岁,乐于表现的年纪,大学迎新晚会招募,你那么想像别人家的孩子一样站在舞台上,那万众瞩目的光,实在是太耀眼了。可你除了学习一无所长,于是你只能看着那光一点一点暗下去。

22岁,毕业求职的年纪,难道你还想由于没有技能而将机会拱手让于他人?难道你还想一直碌碌无为?难道你不想成为别人家的孩子?人往高处走,水才往低处流,你想要改变吗?那么20岁请你拿起手机使用课工场。

课工场App,专注大学生技能教育,力助你成为别人家的孩子。

(创作者:丁朋娜　指导老师:苏畅)

该作品描写了16岁、18岁、22岁的人面对的经历,主人公因为没有技能而错失机会。这些机会几乎每个大学生都会碰到,容易引起他们的联想和共鸣,勾起大学生悔恨懊恼的情绪,刺激大学生的使用欲望。广告文案接连使用几个反问句增强了语言的气势和说服力,语气强烈,情感生动,发人深思。

三、情理交融诉求的广告文案

情理交融诉求既诉诸理性的道理传达,又诉诸感性的情感共鸣。简言之,情理交融诉求的广告文案既晓之以理,又动之以情。这种文案在实践和竞赛中较为常见,能够在有限的篇幅内最大限度地吸引尽可能多的消费者。它要求将广告产品或服务的客观信息与情感内容进行合理的联系,弥补单一的理性诉求或感性诉求的不足。

例如,第13届全国大学生广告艺术大赛长文案二等奖作品《Z世代的恋爱观》①:

Z世代的恋爱观

不将就

恋爱是生活的调味品,但不是必需品

不要让黑眼圈成为昨日心事的落款

就是爱自己最好的方式

一叶子熬夜精华,对任何一晚的护肤都不将就

不依附

---

① 全国大学生广告艺术大赛组委会.创意我发现:第13届全国大学生广告艺术大赛获奖作品集[M].北京:高等教育出版社,2021.

即使被爱着,也别忘记独立才是女孩们最美的盔甲

深夜烦琐的护肤步骤总是让人头大

但它却能立刻改善肌肤暗沉

不依附过多的护肤品

一叶子熬夜精华,一瓶就有效

不妥协

爱应该让人变得温柔与勇敢,而不是教会你委屈与妥协

就算煲电话粥或争吵到深夜

也不害怕脸上长出细纹

一叶子熬夜精华,绝不向熬夜妥协

(创作者:洪洁妮　指导老师:肖捷飞)

该作品用三段文字描述了 Z 世代的恋爱观,既表达了女性在恋爱中应有独立精神,也突出了一叶子熬夜精华的产品功效和应用场景。这种情理交融的广告文案,在精神力量和护肤功效上满足了目标消费女性的需求。在实操中,长文案可以运用这种情理交融的诉求方式,因为较短的文案篇幅很难描绘出这种双重属性,而长文案可以较好地涵盖感性诉求和理性诉求。

第二节　广告文案的修辞语言

一、比喻

比喻是广告文案创作中最常用的修辞手法,是指用一种事物比作与之有相似特点的其他事物,例如太阳像一个火球。因为太阳和火球都是红色的、圆的,都会让人感到炎热,所以可以这样比喻。这种修辞手法使事物被描述得更加生动形象,增强广告文案的趣味性。例如,第 10 届全国大学生广告艺术大赛文案类三等奖作品《这就是圈套》[1]的广告文案:

薄到看不到才是好的圈套。(杜蕾斯)

(创作者:李艺　指导老师:朱举)

---

[1] 全国大学生广告艺术大赛组委会.创意我闪耀:第十届全国大学生广告艺术大赛获奖作品集[M].北京:高等教育出版社,2018.

图9-1 第10届全国大学生广告艺术大赛文案类三等奖作品《这就是圈套》

这则文案使用了比喻的修辞手法,将安全套比作圈套。圈套通常是指引诱他人上当受骗的计策,而在这里被比作安全套,表达了安全套轻薄的质地,可以起到隔离和屏障作用,言简意赅又生动形象。

又如第12届全国大学生广告艺术大赛广播类一等奖作品《高尔夫之萤火篇、百宝箱篇、大白篇》①:

我是一名网约车司机,为了生计,经常在晚上接单,我的高尔夫就像是萤火虫,在黑夜为我照亮前方的路。(天黑警告,自动开启前照灯)高尔夫的随动大灯,天黑自动开灯,黑夜接单不用愁。高尔夫,满足你的所有想象。

我是一名销售,最重要的工作就是与人沟通,我的高尔夫就像是百宝箱,功能多,惊喜多。(王总来电)喂,王总,有什么事请讲。(鉴于您在蓝牙通话中,安全辅助系统已开启)高尔夫的多功能方向盘,愿您开车通话无担忧。高尔夫,满足你的所有想象。

我是一个倒车小白,我的高尔夫就像是《超能陆战队》中的大白,时刻给我安全感。怎么办,上班要迟到了,这个空位也太窄了吧。(倒车影像开启,开始自动泊车)高尔夫的自动泊车系统,只需轻踩刹车,就能完美入库。高尔夫,满足你的所有想象。

---

① 全国大学生广告艺术大赛组委会.创意我热爱:第12届全国大学生广告艺术大赛获奖作品集[M].北京:高等教育出版社,2020.

（一汽大众高尔夫）

（创作者：赵丽丽　指导老师：陈红艳）

这组广告文案将高尔夫汽车比喻成萤火虫、百宝箱和大白,生动形象地说明了高尔夫汽车的产品性能和使用场景,拉进了高尔夫品牌与年轻群体的距离。该文案情理交融,说明广告信息的同时也引起了消费者共鸣,体现了高尔夫品牌的人文关怀和价值取向。

创作广告文案时需要打开思路,在事物之间寻找外在联系或内在联系,用具体、生动、形象、浅显的事物来代替抽象的产品特征和品牌理念。这要求创作者对产品和品牌相当熟悉,明确想要表达的广告主题,根据这一主题积极展开想象,寻找现实事物与广告主题之间的相似之处。比喻的喻体应该通俗易懂,与广告紧密关联,应该尽量避免歧义和误解。

二、双关

双关即字或词在语境中表达两种不同的意思,一种是字面意义,另一种是真正想表达的意义。例如,文天祥《过零丁洋》中的诗句"惶恐滩头说惶恐,零丁洋里叹零丁",就使用了双关的修辞手法。"惶恐滩"和"零丁洋"都是地名,"惶恐"和"零丁"是指人在面临痛苦境地时的情绪。此句意为"惶恐滩的惨败让我至今依然惶恐,零丁洋里身陷元虏,可叹我孤苦无依"。

透过第一层意义,感悟第二层意义使人豁然开朗,更能让人体会广告文案表达的创意。在创作广告文案时,创作者要发散思维,突破思维定式的束缚,找到产品或品牌与生活中的事物的内在联系,并将这种联系通过字词巧妙地表达出来。例如第14届全国大学生广告艺术大赛省级二等奖作品《非常渴了就喝非常可乐》的广播文案:

丫鬟1:公主醒了。

丫鬟2&3:小主您醒了/小主您醒了。

公主:欸……渴,呃,渴……

太监:渴! 赶紧拿水来。

公主:不是,是……非常渴。

太监:非常渴,水呢? 跑过来!

公主:呃……不是非常渴,非常可乐!

公主:非常渴,就喝非常可乐!

旁白:娃哈哈。

(创作者:高毓晨、何宇晨、闫昕　指导老师:蔡立媛)

本作品中的"渴了"具有一语双关之妙处。"渴了"既是"可乐"的谐音,又能突出可乐"解渴"的核心卖点,十分符合"非常时刻,非常可乐"的产品定位。同时,该作品整体语言风格诙谐幽默,对话节奏紧凑有序,能够引发听众的思考与想象,进而实现听觉层面的"望梅止渴"之效,帮助非常可乐在竞争激烈的碳酸饮品市场上占领一席之地。

又如第 12 届全国大学生广告艺术大赛平面类一等奖作品《"避"有一套》①的广告文案:

风"杜"翩翩,"避"有一套。气"杜"不凡,"避"有一套。

(创作者:舒宝凤　指导老师:王峡)

图 9-2　第 12 届全国大学生广告艺术大赛平面类一等奖作品《"避"有一套》

① 全国大学生广告艺术大赛组委会.创意我热爱:第 12 届全国大学生广告艺术大赛获奖作品集[M].北京:高等教育出版社,2020.

该文案使用了谐音双关的修辞手法,成语"风度翩翩""气度不凡"的"度"与杜蕾斯的"杜"字同音,"必有一套"的"必"与避孕的"避"字同音,含蓄地指出杜蕾斯品牌和产品的避孕功能。谐音双关的修辞手法使品牌名称和产品特点表达得含蓄、幽默,加深了语义,同时巧妙地化用成语,给人以深刻印象和趣味性,有效地提升了品牌知名度和好感度。

三、用典

用典即引用典故,是指引用历史事件和词句来抒发情感、表达思想的修辞手法。中华文化是丰富的典故宝库,加以引用不仅可以体现广告文案的厚度,而且可以启发消费者,达到含蓄表达的目的。

广告文案创作者需要从产品信息和品牌定位提炼出一个明确的主题,然后搜寻与广告主题、理念关联的历史故事和词句进行创作。例如,饿了么星选的"春味"文案:

> 春味正好,不时不食。

"不时不食"出自《论语·乡党第十》,意思是吃东西要应时令、按季节,到什么时候吃什么东西。这句广告文案对诗句进行了化用。作为一个美食平台,饿了么将含有中华传统饮食文化的典故作为广告文案,生动地传达了品牌主张——春天就要吃当季鲜食,吃当季鲜食就上饿了么星选;同时也营造出诗意的氛围,引起受众的关注和兴趣。

四、拟人

拟人是一种将事物赋予人的思想、情感、动作、语言等特征的修辞手法。拟人手法的巧妙之处在于将物人格化,赋予事物人的灵魂。

广告文案的拟人手法不仅将产品描写得生动、形象,而且人格化的产品让消费者感到亲切和活泼,贴近他们的生活,使他们更容易理解产品特征和品牌理念。

例如,杜蕾斯在官方微博上发布的 2022 卡塔尔世界杯借势广告文案:

> 无畏加时,持久喝彩。"杜"当一面。

图 9-3　杜蕾斯官方微博 2022 年 12 月 10 日发布

足球守门员的作用是截住对方的射门,不让对方轻易地突破,他是场上把握最后一道防线的人。该广告将杜蕾斯的避孕套产品巧妙地拟人化为足球的守门员,体现了杜蕾斯品牌避孕套产品的安全性和持久性。

需要注意的是,创作拟人修辞的广告文案时要避免过度使用和牵强附会,要简洁地表达广告主题,增强广告文案的可读性和趣味性。

借势广告利用社会热点吸引受众的好奇心,并不是单纯地将热点与品牌结合创作文案,重要的是找到热点事件与品牌自身的卖点之间的合理联系,并且要与正面的、积极的热点借势,避免与负面的、哗众取宠的热点借势,以免损害品牌形象和在受众心中已经建立的品牌定位。

如第 12 届全国大学生广告艺术大赛广播类一等奖作品《160 ml,2%,5183 m》①的广告文案:

160 毫升的可乐不够喝,160 毫升的自然堂冰肌水却能让肌肤"打个饱嗝"。嗝……自然堂冰肌水,你本来就很美。

2% 概率的 ss2 抽不到,含有 2% 烟酰胺的自然堂冰肌水却能让肌肤"脱非入欧"。自然堂冰肌水,你本来就很美。

5182 米的购物车难以清空,(您的余额不足)喜马拉雅 5128 米的冰川水却能让顽固痘印消失不见。自然堂冰肌水,你本来就很美。

(创作者:魏雨宁　指导老师:黄薇)

该广播广告文案使用了对比、拟人和排比的修辞手法,将 160 毫升可乐和 160 毫升自然堂冰肌水进行对比,将 2% 的获奖概率和 2% 的烟酰胺进行对比,

---

① 全国大学生广告艺术大赛组委会.创意我热爱:第 12 届全国大学生广告艺术大赛获奖作品集[M].北京:高等教育出版社,2020.

将5182米的购物车和5182米的喜马拉雅冰川水进行对比,突出自然堂冰肌水补水、保湿、祛痘的产品功效。把肌肤拟人化,肌肤打饱嗝、"脱非入欧"说明自然堂冰肌水的补水保湿效果很好,能够满足消费者自然美丽的需求。"你本来就很美"的品牌精神在文案中也得到了多次传播。

五、对比

对比的修辞手法是指将两个具有差异的事物或同一事物不同的面向进行对照比较,突出表达事物的特征,这种对照给人留下深刻、生动的印象。例如"失败是成功之母",失败和成功是相对立的状态,通过这种矛盾的对比,更易感染受众,发人深省。例如 OPPO 的 VOOC 闪充广告文案:

OPPO:充电5分钟通话2小时。

图9-4　OPPO VOOC 闪充《充电5分钟通话2小时》MG 动画

该广告文案的对比体现在用较短的充电时间对比较长的使用时间,突出VOOC 闪充的快速充电技术。5分钟和2小时是一个对比度很明显的例子,将OPPO 闪充的卖点表达地生动、易于理解。

又如第12届全国大学生广告艺术大赛广播类一等奖作品《到京东的距离》[①]:

从家到公司,是匆匆忙忙的2万步;从公司回家,是疲惫不堪的3万步;购物逛街,是让你崩溃的5万步,现在去京东,一步就够了,购物就在家门口,京东,真便利。(京东便利店)

(创作者:袁英健、张涛　指导老师:蒋明明、邹东)

---

① 全国大学生广告艺术大赛组委会.创意我热爱:第12届全国大学生广告艺术大赛获奖作品集[M].北京:高等教育出版社,2020.

该广播广告文案使用了对比的修辞手法,2 万步、3 万步、5 万步对比一步,突出了京东便利店便捷、随处可见的"零售即服务"生态,满足了消费者的日常所需。

在广告文案中使用对比时,要注意把握事物的本质特征,抓住不同事物或面向的区别进行对照,有效地传达产品和品牌定位,刺激消费者的购买欲。可以将产品的旧特征和新特征进行对比、将产品的独特之处与其他品牌产品的不同之处进行对比、将使用产品后的体会与使用产品前的感受进行对比。但是不能通过对比来恶意诋毁其他品牌,应避免擦边广告文案。

六、对偶

对偶是一种修辞手法,用一对字数相同、结构相同、意义对称的短语或句子来表达两个相反、相似或相同的意思。对偶可以使广告文案有对称美,也能增强广告文案的表现力。例如第 12 届全国大学生广告艺术大赛文案一等奖作品《后浪》①的广告文案:

先装,后浪。

（爱华仕箱包）

（创作者:刘阳柳　指导老师:张勤）

该作品的前半句和后半句字数相同,结构相同,词性相同,词义对称,表达了用爱马仕箱包包装行李,可以没有压力地到处旅游的广告创意,体现了爱华仕箱包结实耐用、容量大、便捷的产品特点。这个对偶式句子作为爱华仕的广告口号,不仅增强了传播力,给人以整齐押韵的审美感受,而且生动地体现了产品的卖点,扩大了影响力。

又如第 11 届全国大学生广告艺术大赛文案类一等奖作品《一口半口》②:

一口半口

一口茶香,半口花香。

娃哈哈宜茶时茶饮料

（创作者:王天琦　指导老师:边微）

---

① 全国大学生广告艺术大赛组委会.创意我热爱:第 12 届全国大学生广告艺术大赛获奖作品集[M].北京:高等教育出版社,2020.

② 全国大学生广告艺术大赛组委会.创意我飞跃:第 11 届全国大学生广告艺术大赛获奖作品集[M].北京:高等教育出版社,2019.

该文案使用了对偶的修辞手法,富有对称美,表达了宜茶时茶饮料茶引花香的核心卖点,突出了清新、自然的新中式茶的产品定位。此对偶式文案在形式上工整对称、富有节奏感,在内容上凝练易懂、高度概括。

七、排比

排比是将三个及以上结构相似、语气相近、意义相关的词语或句子排列在一起,成为一句完整表达的修辞手法。它与对偶的区别在于,排比不需要字数的严格一致,也不苛求词性的一一对应。排比可以增强广告文案的节奏感和整体性,例如第 12 届全国大学生广告艺术大赛文案一等奖作品《京东爱情故事》①。

京东爱情故事

下雨天,京东便利店提供应急雨伞,巧了,两个人,一把伞;

五二〇,京东便利店为爱极速送花,成了,我爱她,她爱花;

吵架啦,京东便利店里买烟不回家,算了,买颗糖,哄哄她;

和好后,京东便利店去代缴水电费,笑了,剩五块,藏鞋底;

我们俩,京东便利店见证点点滴滴,谢了,这家店,那场雨。

（创作者:李晓华　指导老师:刘砚议）

该作品用五个排比句式,描述了爱情故事中的男女主角从相遇到相爱的五个阶段,每个阶段都有京东便利店的场景。该文案节奏和谐、条理清晰、层次分明、描写细腻,既营造了温馨浪漫的场景,也体现了京东便利店的多种服务,例如提供应急雨伞、极速送花、购物、代缴水电费等。

在广告文案中使用排比修辞手法时,要结构完整、意义清晰,不要为了凑句式而写与广告主题无关的内容。

八、夸张

夸张是为了突出表达事物的特征和形象,运用丰富的想象力,在客观存在的基础上放大或缩小事物特征的修辞手法。广告文案的夸张手法,使用的前提是在客观描述产品特征或应用场景的基础上,通过丰富的想象生动形象地表达产品价值和品牌理念,吸引消费者的注意力,在消费者心中留下深刻印象,刺激

---

① 全国大学生广告艺术大赛组委会.创意我热爱:第 12 届全国大学生广告艺术大赛获奖作品集[M].北京:高等教育出版社,2020.

消费者的购买欲和购买行为。

例如,第14届全国大学生广告艺术大赛江西省省级广播一等奖作品《午夜来"垫"》:

女声1:你好,这里是午夜来"垫"热线,请问有什么可以帮您?

女声2:(哈欠声)我要退订失眠套餐。

女声1:请问退订的原因是什么呢?

女声2:我想……我遇到那个他了,他很靠谱!待在一起,一天的疲劳都消失了,我要每天和他贴贴!

女声1:啊,这位听众原来是谈恋爱了啊。

女声2:什么啊,我说的是床垫!喜临门床垫,和失眠痛快说分手,尽享好睡眠。

女声1:这么厉害吗?等等,我先去下单一个(呼噜声),喂?喂?您还在听吗?(呼噜声)

(创作者:黄鑫、张婷、闵楠思　指导老师:蔡立媛)

该作品的企业命题是喜临门,围绕来"垫"想象主题创作的广告作品。作品中设置了一个午夜电台来电的场景,利用拟人的手法将喜临门床垫比作一个让人舒心、给人陪伴的恋人形象,然后通过反转亮明喜临门的真实身份,最后运用夸张的手法描写主人公睡着舒服的喜临门床垫迅速入睡,突出产品在帮助用户尽享深度睡眠方面的重要作用。

又如太平洋保险的广告文案:

平日注入一滴水,难时拥有太平洋。

图9-5　来自中国太平洋保险公司的工作计划 PPT

该广告文案使用了对偶、比喻、夸张、双关四种修辞手法,用一滴水的"小"和太平洋的"大"进行夸张的比较,有着不寻常的想象力,充分体现了太平洋保险的产品特性,平时进行较小的投入,在困难时可以得到巨额补偿;并且一语双关,太平洋既是品牌名,又暗示该保险像太平洋一样稳固长久地保障消费者的利益。

夸张的修辞手法虽然需要一些特别的想象力,但要注意的是,创作过程中不能脱离真实的现实情况而天马行空地想象,应尽量契合产品特性和使用感受,不能欺骗消费者,而要做到事实真实、表达夸张。

九、设问

设问是一种自问自答或问而不答、明知故问的修辞手法。设问可以起到强调的作用,先引人思考,再给出答案,让人感觉合理又受到启发。设问的修辞手法在广告文案创作中要就消费者的痛点和需求进行提问,通过回答来解答他们的问题,吸引他们的注意力,在说明产品的卖点和功效的同时,传达产品和品牌的创意理念,提高他们的参与程度。

例一,蓝翔职业技术学校的广告文案:

挖掘机技术哪家强? 中国山东找蓝翔。

这则家喻户晓的广告口号虽然略显"土味"和"硬核",但诉求明确,直白押韵,容易形成"洗脑"式的传播力。在当今互联网时代铺天盖地的广告宣传中,这是很难得的。虽然自此之后出现了许多类似的洗脑广告,但是在电视媒体时代,这样的广告文案是少见的,因此广告营销效果很好。

例二,杜康白酒的广告词:

何以解忧? 唯有杜康。

这则广告使用了设问和用典的修辞手法。什么酒能够解忧愁? 只有杜康酒可以啊。广告先提出消费者的诉求,再给出解答,明确诉求,提出卖点和产品名称。

例三,第 13 届全国大学生广告艺术大赛平面类一等奖作品《包揽生活,青春随行》[①]的广告文案:

[①] 全国大学生广告艺术大赛组委会.创意我发现:第 13 届全国大学生广告艺术大赛获奖作品集[M].北京:高等教育出版社,2021.

183/

电量不够使? 原创 USB 充电脚座,让你实现电量自由。

双手不够用? 手机支架结构,让你实现双手自由。

空间不够放? 5 厘米扩展层,让你实现空间自由。

箱包就选爱华仕。

(创作者:朱雯洁、钱义凡　指导老师:徐玉婷)

图9-6　第 13 届全国大学生广告艺术大赛平面类一等奖作品《爱华仕箱包》

这则广告是爱华仕箱包的系列平面广告,广告文案部分使用了设问和排比的修辞手法,三连问和三连答生动形象地说明了爱华仕箱包与其他箱包的区别和提供的特殊服务,传达了爱华仕箱包的卖点,吸引了有此类诉求的受众的注意力。

又如第 12 届全国大学生广告艺术大赛平面类三等奖作品《冰肌多功效》[1]的广告文案:

熬夜追剧,黑眼圈? 轻轻一抹就 OK!

风吹日晒,肌肤干? 轻轻一抹就 OK!

饮食辛辣,爱长痘? 轻轻一抹就 OK!

(创作者:陈欣宇　指导老师:屈梅)

---

① 全国大学生广告艺术大赛组委会.创意我热爱:第 12 届全国大学生广告艺术大赛获奖作品集[M].北京:高等教育出版社,2020.

图 9-7　第 12 届全国大学生广告艺术大赛平面类三等奖作品《冰肌多功效》

该作品的文案使用了设问和排比的修辞手法,针对年轻消费群体爱熬夜追剧、喜欢外出、饮食辛辣等生活习惯和行为习惯,体现了产品亲肤、遮瑕、细腻的卖点,提升冰肌粉底液在年轻消费群体中的认知度和好感度。

十、反复

反复是为了强调某种情感和意义而重复多次使用同一词语或句子的修辞手法,运用在广告文案中可以起到加深印象和突出诉求的作用。在广告竞赛中,这种修辞常使用于广播的形式中。例如溜溜梅的广告文案:

你没事吧? 你没事吧? 你没事吧? 你没事吧? 你没事吧? 你没事吧? 你没事吧? 你没事吧? 你没事吧? 你没事吧? 你没事吧——没事? 就吃溜溜梅! 没事就吃溜溜梅!

这则魔性广告使用反复的修辞手法,一方面吸引受众的好奇心和注意力,另一方面强化了受众的认知,加深了广告印象,给人余音绕梁的感觉,达到洗脑式的传播效果。需要注意的是,广告中使用反复修辞手法时要掌握度和频次,要注意受众的感受,以免引起受众反感。反复的修辞手法运用到广告文案中可以归为洗脑广告的一种形式,能在最短的时间内将有价值的核心信息进行重复介绍,给受众留下深刻的印象,提升产品的市场竞争力。洗脑广告文案应避免盲目的反复和唠叨,以免造成"精神污染",引起受众反感。在广告文案的节奏和旋律上,可通过联想记忆法抓住与产品特征相关联的内容进行重复传播。

又如恒源祥的广告文案:

恒源祥，"羊羊羊"。恒源祥，"羊羊羊"。恒源祥，"羊羊羊"。

该广告文案中"羊"字重复了九遍，给观众留下了深刻的印象，恒源祥作为毛线的代名词迅速深入人心。在当时的羊毛纺织品市场上，公众的认知是空白的，所以当一个让人印象深刻的品牌出现后，公众会自觉地联想到买羊毛衫就买恒源祥，这相当于公众在意识里形成了条件反射。

第十章 不同类别广告的文案创作

在实操中经常涉及各种类型的广告,如全国大学生广告艺术大赛就将广告作品类别分为十类。显而易见的是,无论何种类型的广告,都离不开文案。本章将讨论不同类别广告的文案有什么特点和作用,在创作时有什么要求和注意事项。

第一节 文案类广告

一、广告语

广告语是用简明扼要的词句介绍品牌或产品想要传达的信息的语言。通常字数(含标点)控制在 30 个字符以内。深入人心的经典广告语可以让品牌和产品在受众心中留下独特的印象,在长期效应下让消费者产生好感。当受众出现消费需求时,脑海中就会自然而然地想起相应的广告语,引发购买行为和传播行为。

(一)广告语的作用

1. 告知品牌理念、产品特征和服务

广告语需要在有限的字数内,将品牌理念提炼为可以与受众沟通的短句,归纳出产品特征和服务的独特卖点。例如:

好空调,格力造(格力空调)

首先,"好空调"告知受众广告语的产品是空调,"好"告知受众空调质量优,节能环保,产品有保证。其次,"格力造"强调了品牌名称,塑造了品牌的声誉和价值。最终通过这两句话传达广告信息:格力制造的空调品质卓越,值得信赖。

2. 产生长期效应,加强印象

广告语通常是固定不变的,传达相对统一和稳定的品牌理念。反复使用的

广告语不仅可以加深受众的印象,而且在长期效应下能够塑造品牌形象,促进消费,提高企业效益。例如:

农夫山泉有点甜(农夫山泉)

这则广告语1998年在央视首次播出,沿用至今,成为大家耳熟能详的广告语。作为日常必需品,农夫山泉把握"甜"的独特卖点,实则传达了农夫山泉使用优质水源、无污染无添加的特点。20多年的传播让农夫山泉的健康理念深入人心,塑造了良心企业的形象。

3.口口相传,形成广泛传播

经典的广告语不仅朗朗上口,而且能促使受众自发传播。例如:

今年过年不收礼,收礼只收脑白金(脑白金)

该广告语给受众的神经系统和心灵以冲击,传达送礼的绝佳选择就是脑白金的理念。押韵的简单叙述能够在中老年人和送礼者之间口口相传,形成广泛传播。重复播出、电视传播和人际传播会影响受众,在老年人心目中留下"好礼物"的印象。在第三人效果的作用下,年轻一辈成为脑白金的实际购买行动者。

(二)广告语的创作要求

1.简明扼要,便于传播

广告语与其他长文案最明显的区别在于广告语简洁凝练。为了让受众便于进行口头传播和人际传播,创作广告语时须使用通俗易懂的语言,选择一到两个卖点进行传播,不需要面面俱到。分析历届全国大学生广告艺术大赛的获奖广告语作品可以看出,获奖的广告语大都短小精炼,便于传播。例如第12届全国大学生广告艺术大赛文案类一等奖作品《自然堂冰肌水,宠爱你的美》①的文案:

天然水润,无需装嫩(自然堂冰肌水)

(创作者:刘红秀)

该广告语使用八个字将自然堂冰肌水原料天然,使用后皮肤水嫩的特点总结出来。节奏押韵,朗朗上口,既告知了产品功效,又便于广泛传播。许多广告文案为了便于记忆和重复,使用两个短句的格式,如"维维豆奶,欢乐开怀"(维维豆奶)、"好空调,格力造"(格力空调)、"横扫饥饿,做回自己"(士力架)、"透

---

① 全国大学生广告艺术大赛组委会.创意我热爱:第12届全国大学生广告艺术大赛获奖作品集[M].北京:高等教育出版社,2020.

心凉,心飞扬"(雪碧),等等。

2. 情真意切,易于劝服

广告语应该真诚可靠,语气诚恳,感化消费者,避免严肃刻板、过于生硬地进行劝服。用亲切的姿态传达广告语,会拉近品牌与消费者的心理距离,更容易进行劝服。例如第 12 届全国大学生广告艺术大赛文案类二等奖作品《不灭的灯》①:

> 永远为你而亮的灯,除了家,还有它——京东便利店。(京东便利店)

> (创作者:刘师维)

该广告文案把京东便利店比作家,会永远亮着灯等待人们,拉近了受众与京东便利店的距离,也强调了京东便利店 24 小时营业的服务特点。广告文案一旦开始与受众的情感联结,就能产生劝服的效果,在受众心中产生深刻的印象。

3. 节奏押韵,利于重复

广告语的传播力,一在简短,二在押韵。无须华丽的辞藻,而需有节奏的音韵。朗朗上口的广告语利于在受众间形成自发的重复,在"培养"的作用下,渐渐影响消费者的购买意愿。在实操中尽量选择一个固定的韵部,例如产品名称,来进行押韵。也可以不强调广告语的押韵,而注重韵律的节奏感。例如第 12 届全国大学生广告艺术大赛文案类三等奖作品《爱华仕箱包广告语》②:

> 不用东奔西走,一站解决所有。(义乌小商品城)

> 世界无奇不有,义乌应有尽有。(义乌小商品城)

> 一口苏打,活力加码!(娃哈哈黑糖奶茶)

> 装得下潮流,也装得下梦想。(爱华仕箱包)

> (创作者:王文静 指导老师:吴正一)

押韵的广告文案常常给人带来深刻的印象,甚至被受众多次主动传播。押韵的文案读来朗朗上口,例如例子中的"走、有""打、码",都能让文案增强节奏感,利于重复。不仅如此,当"押韵"的流畅感用在品牌口号上时,口号更容易被

---

① 全国大学生广告艺术大赛组委会.创意我热爱:第 12 届全国大学生广告艺术大赛获奖作品集[M].北京:高等教育出版社,2020.

② 全国大学生广告艺术大赛组委会.创意我热爱:第 12 届全国大学生广告艺术大赛获奖作品集[M].北京:高等教育出版社,2020.

快速记忆,帮助品牌输出信息,讲述理念。正如例一和例二中的文案体现了义乌小商品城产品丰富、一站式购买、非常便捷的特点。

二、长文案

长文案是篇幅较长的广告文案,字数在 100 字和 500 字之间。长文案追求语言的深度和整体效果,叙述较为详细的产品信息。

(一)长文案的类型

1. 故事类长文案

故事类长文案用故事情节传达品牌理念和产品信息,用讲故事的方式更容易让受众产生情感诉求,让受众在不知不觉中走入广告创作者的语境。故事类长文案通常描绘一个特定的场景,人物关系、对话、动作、事件以及情感是基本要素,用品牌或产品作线索将这些要素串联起来,形成一个有寓意的故事。例如第 12 届全国大学生广告艺术大赛长文案类三等奖作品《我的老友记》①。

上大学第一天,人生地不熟,他用一瓶可乐化解了我的局促和不安,帮我一下结识了整个宿舍的朋友。从此四年,每天下课一起来一支可乐,成了我们的仪式感。

失恋那一天,我一个人坐在校园操场边,他悄悄坐在我身边,什么也没说,先是默默递过来一包纸巾,然后又是一大包零食,我没有反应,于是他又拉来两个朋友,递过来两支啤酒,沉默的我不由得笑了,嗯,生活总要向前看。

生病的那一天、赶作业的那几天、复习周的那些天……他从不缺席我的每一天。

就这样,我们成为形影不离的好友,我跟他分享我的生活,他总是默默帮我解决难题。

终于,到了分别的日子。

他递给我最后一份便当……啊,再见了我的朋友。

坐了一整天的飞机,再转汽车,我又一个人,背着沉重的背包,来到了一个陌生的城市,准备在这里大展宏图。刚拐过街口的转角,我就看到了他!正在那里对着我微笑,原来他早已来到这里,悄悄等候我的到来。

---

① 全国大学生广告艺术大赛组委会.创意我热爱:第 12 届全国大学生广告艺术大赛获奖作品集[M].北京:高等教育出版社,2020.

谢谢你,京东便利店,我的老友记。

(创作者:叶晓天　　指导老师:王艺)

该广告作品用拟人的手法,把京东便利店比作老友,描述了"我"和这位"老友"从初识到熟识过程中发生的几个温馨的故事,不仅将京东便利店的产品丰富性传达出来,也塑造了京东便利店温暖贴心的形象。创作文案要学会在品牌理念的基础上挖掘普通人与品牌的故事,来引起受众的共鸣。传媒的人情味向来是最吸引受众的地方,广告文案的人情味体现在遵循以受众为中心的创意原则。故事类广告文案就是建立在受众的共鸣之上,用富有人情味的故事情节激发产品与受众的共鸣,以情动人,激发受众的心理需求。

2. 产品类长文案

产品类长文案的主要关注点在描述产品的详细信息上,一切语言为了产品内容服务,虽然直白但是让受众详尽地了解产品。表达要生动有趣,尽量使用文学技巧把产品讲清楚。例如第 13 届全国大学生广告艺术大赛长文案类三等奖作品《大橙子洁面除害记》[①]:

我,大橙子洁面,

集温和与清洁于一身的智慧体。

曾游历各肌肤国深入考察,

深知肤界众生疾苦。

顽固油脂堵塞毛孔负隅顽抗,

使肌肤终日深陷缺氧的泥沼,

然知己知彼,

方能百战不殆。

如今我已经掌握足够多的情报,

定能一招制胜,

还肤界一片安宁。

当我降临肤界上空,

顽固油脂依然肆无忌惮。

我令泡沫精灵展开地毯式搜索,

---

① 全国大学生广告艺术大赛组委会.创意我发现:第 13 届全国大学生广告艺术大赛获奖作品集[M].北京:高等教育出版社,2021.

凡是油腻以及污垢一族全部清除。

弹指一挥间，

事先预知的水姑娘已经就位。

在波涛汹涌中，肤界回归宁静，

清新果香弥漫于此，肌肤尽情呼吸。

（创作者：庄家辉　　指导老师：黄秀莲）

该广告作品从第一人称的角度将洁面产品拟人化。把各种皮肤问题比喻为敌人，把大橙子洁面比作清洁战士，在形象生动的描述中展现了洁面产品的成分、功效、使用步骤等。产品类长文案通常用大量的篇幅讲述产品特性、功能、用途及企业信息等，可以最快地传达尽可能多的信息，但是很难保证受众会真正听进去并记住关键信息。因此，产品类长文案需要用轻松娱乐的方式讲述产品特性，正如案例中将大橙子洁面拟人化为清洁战士，语言生动轻快、幽默风趣，不仅传达了信息，也增强了受众的好感度。

3. 观点类长文案

观点类长文案是表达一个广告观点，并用事实和辅助文字来进行阐述的长文案。观点可以是品牌的独特理念，也可以是产品的独特卖点。例如第 12 届全国大学生广告艺术大赛长文案二等奖作品《留白》①：

电影镜头需要留白

谢幕之后，观众的解读是自由的

诗歌末尾需要留白

千言无声，读者的想象是活跃的

空间一角需要留白

大容量之下，变化是精彩的

旅行需要留白

详密计划之外，无预期的相遇是美好的

年轻需要留白

姿态远不止一派，自由的创作是激情的

留白是终点，也是起点

---

① 全国大学生广告艺术大赛组委会. 创意我热爱：第 12 届全国大学生广告艺术大赛获奖作品集［M］. 北京：高等教育出版社，2020.

> 留白是自由,也是无限
>
> 爱华仕"爱华青年系列"行李箱
>
> 装下世界,年轻,你的专属留白
>
> 在出发与到达之间
>
> 收纳你的无限可能

(创作者:吴晗　指导老师:刘娇娇)

爱华青年系列行李箱的表面留有空白,可以发挥想象。作者抓住"留白"的观点进行阐述,一是爱华仕行李箱容量很大,在收纳许多东西之后还可以留出空白。二是作为爱华青年系列产品的主要消费群体的年轻人,在人生旅途中也需要"留白",具有"无限可能""自由""个性化""特立不独行"的生活态度。爱华仕爱华青年系列产品以巨大的容量、箱内的留白与无限可能的自由创作,陪伴消费者走过同样精彩无限的年轻时代。这种关于自由的"留白"、自由的想象,会使青春更加精彩。

三、创意脚本

创意脚本就是用文字将广告创意视频的内容进行详细描述的一种广告文案。它可以列出清晰的思路和框架,提高广告创作的效率。好的脚本可以事半功倍,在创作创意脚本时,要把握广告主题,使广告素材为品牌和产品服务。创意脚本不同于剧本,具有独特的营销性质,在创作过程中需要抓住广告卖点,达到吸引受众的目的。脚本制作内容要自然流畅,有逻辑性,符合受众的认知规律。

第二节　平面类

一、平面广告

作为一种视觉传达形式,平面广告利用色彩、空间布局、文案等要素表达简洁生动的广告信息。平面广告不同于普通图画,除了色彩、布局,还要考虑到文案写作。文案在平面广告中的作用是解释和启发受众,吸引消费者的注意力,从视觉冲击直达心灵冲击,从而激发购买欲望。平面广告的易得性和趣味性使得它的接触难度低,受众面较大。

(一)平面广告文案写作的注意事项

1.文案准确有力,生动传达广告诉求

例如第9届全国大学生广告艺术大赛平面类二等奖作品《它》①的文案:

清洁,没有谁比它更在行。植物乳杆菌发酵,清除体内垃圾,减轻身体负担。

健康,没有谁比它更注重。精选果蔬、红茶新鲜原料,喝出健康好身体。

修缮,没有谁比它更专业。酵苏果蔬酵素,调节肠胃,改善消化问题。

(娃哈哈果蔬酵素)

(创作者:张静　指导老师:王雪皎)

图 10 - 1　第9届全国大学生广告艺术大赛平面类二等奖作品《娃哈哈果蔬酵素》

该平面广告作品描写的是娃哈哈果蔬酵素。文案在这则作品中起到了传递诉求的作用,密切联系平面上的画面和产品特性、功效、配料,将果蔬酵素比作清洁工、医生、修理工,传递了娃哈哈果蔬酵素清除身体垃圾、补充营养、调节肠胃、助消化的功效。

2.文案与画面配合,解释并呼应创意

例如第9届全国大学生广告艺术大赛平面类一等奖作品《美丽一小

---

① 全国大学生广告艺术大赛组委会.创意我热爱:第九届全国大学生广告艺术大赛获奖作品集[M].北京:高等教育出版社,2017.

"部"》①的广告文案：

美丽只需一小部。最佳状态,随时呈现。（VIVO X9 柔光双摄）

（创作者：韦昌杆、李军成　指导老师：邓海贝）

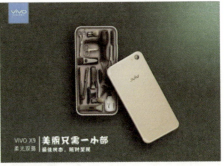

图 10－2　第 9 届全国大学生广告艺术大赛平面类一等奖作品《美丽一小"部"》

这则平面广告把手机设计成化妆盒和理发盒。广告想要表现的创意是 VI-VO 手机的柔光拍摄功能可以把使用者拍得很美,将使用者的妆容和发型都完美地展现出来。"美丽只需一小部"解释了广告的创意理念,清晰地展现了广告信息,文案与画面相呼应,易于理解。

3. 系列平面广告文案整合传播

例如第 9 届全国大学生广告艺术大赛平面类二等奖作品《带着梦想的爱华仕》②的广告文案：

带着梦想扬帆起航

带着梦想展翅翱翔

带着梦想奔向远方

（爱华仕箱包）

（创作者：张嘉欣　指导老师：刘卓）

① 全国大学生广告艺术大赛组委会.创意我热爱:第九届全国大学生广告艺术大赛获奖作品集[M].北京:高等教育出版社,2017.

② 全国大学生广告艺术大赛组委会.创意我热爱:第九届全国大学生广告艺术大赛获奖作品集[M].北京:高等教育出版社,2017.

图 10 – 3　第 9 届全国大学生广告艺术大赛平面类二等奖作品《带着梦想的爱华仕》

该广告作品是一组系列平面广告,系列平面广告的特点是传达理念一致,画面与文案呼应,画面风格协调,图形元素共享等。该广告把爱华仕箱包与游轮、飞机和巴士融合在一起,形成了文案的整合效果,传达了爱华仕在追梦路上一路相伴的理念。

二、产品与包装

产品与包装是一种产品视觉设计,主要功能是标识与区别,独特的标识可以突显产品与其他同类产品的区别。作为第一印象,产品包装是品牌必须精心设计的。产品包装包含了产品的基本信息,好的产品包装能够在第一眼抓住受众的眼球,吸引受众注意。产品被注意到就有机会向受众传达更多信息,如产品成分、卖点等。这些信息就是包装中的文案。文案在产品包装上的作用举足轻重,例如第 9 届全国大学生广告艺术大赛平面类二等奖作品《醉苏新包

装——叫醒身体,松绑灵魂》①的广告文案:

> 酵苏,在白天"叫醒"你的身体。
>
> 酵苏,在夜晚"松绑"你的灵魂。
>
> 熬夜也别"伤肾"(桑葚)
>
> "忙过"(芒果)今天就好
>
> 生活拒绝"红叉"(红茶)
>
> (娃哈哈果蔬酵素)
>
> (创作者:陈燕燕   指导老师:罗萍)

图 10-4   第 9 届全国大学生广告艺术大赛平面类二等奖作品《娃哈哈果蔬酵素》

该产品包装的文案生动地描述了早起饮用娃哈哈果蔬酵素可以获得健康营养、补充维生素,晚上饮用可以调理肠道的卖点,将果蔬酵素的成分"谐音化"为与当代人的生活状态和精神状态相符的词语,使消费者在了解产品信息的基

---

① 全国大学生广告艺术大赛组委会. 创意我热爱:第九届全国大学生广告艺术大赛获奖作品集[M].北京:高等教育出版社,2017.

础上获得情感的满足,促进了购买行为的产生。谐音式广告词在日常生活中较为常见,如"饮"以为荣、随心所"浴"、默默无"蚊"、百"衣"百顺、"骑"乐无穷等,虽然给受众带来深刻的印象和趣味的体验感,却也有着一定的负面效应:滥用谐音式广告词过分地迎合受众的猎奇心理,将会混淆视听,扰乱社会文明。因此在创作谐音式广告词时要把握尺度,多传播积极的内容,并要用符号加以明示,以免造成歧义和误解。

三、IP 与文创周边

年轻人现在已经在众多领域成为消费主力,他们的喜好是品牌和产品必须了解并紧跟的重要部分。在故宫推出的精美文创周边被年轻人喜爱后,不少品牌都着力打造自己的 IP 和文创周边来宣传和推广自己。IP 与文创周边不仅可以促进销售,而且可以与受众进行情感联结。

例如第 13 届全国大学生广告艺术大赛平面类二等奖作品《义乌商品,撬动地球》①。

图 10-5　第 13 届全国大学生广告艺术大赛平面类二等奖作品《义乌商品,撬动地球》(创作者:张正超、陈裕炫　指导老师:黄璜)

该平面作品是义乌中国小商品城旗下的子品牌——ICMALL 爱喜猫的广告。ICMALL 是集进口好物和新潮国货为一体的城市潮流精品店,涵盖进口食

---

① 全国大学生广告艺术大赛组委会.创意我发现:第 13 届全国大学生广告艺术大赛获奖作品集[M].北京:高等教育出版社,2021.

品、进口日化、美妆个护、潮玩文具、家居百货、时尚配饰、数码周边七大品类两万多优质单品,是一个有颜、有品、有趣、不贵的城市潮趣空间。基于这样的品牌定位,ICMALL设计了一个酷酷的猫的IP形象,叫爱喜猫,代表了潮流时髦的品牌形象。这可以在目标群体中树立爱喜猫的品牌形象,展示品牌内涵,提升品牌认知度,以扩大爱喜猫加盟量、提高超市门店销售量为主要目的。

第三节 广播类

广播类广告是利用人声、音效、音响等有声语言来影响受众的听觉系统的广告形式。广播广告覆盖面广,传播及时,制作方便易得,是常见的广告形式之一。人声是广播广告中用来传达信息的语言,音效是用来营造氛围、衬托感染力的语言,音响是用来展示环境、提供现场感的语言。广播广告文案是制作广播广告使用的脚本,明确了广播广告的内容、形式和要求。

一、广播广告文案的形式
(一)直述式

1. 独白式

独白式是通过第一人称来介绍产品或使用产品后的感受的方式,采用自言自语、自说自话、自我抒情的手法,传达广告诉求。独白式文案适用于诉求较简单的广告,不适合一次性言说太多要素的广告文案。例如第11届全国大学生广告艺术大赛广播类一等奖作品《我的理想另一半》[①]:

朋友总说我过于挑剔,而我不愿将就。我叫林一,今年28岁,留过学,看过很多风景。我爱墨守成规,无畏生活挑战。我想要未来的她,拥有靓丽外表和有趣灵魂,爱唱歌,与我共享生活,有爆发力,与我携手跑完生活的拉力赛。探歌——极具个性的SUV,你的苛求再也不是奢望,你想要的一切都能满足。(探歌)

父母总说我过于苛刻,而我不愿将就。我叫陈琦,今年26岁。我爱冒险,想要去探索一切未知的事物,时常幻想未来,憧憬那一个未知的你,也爱回忆过

---

① 全国大学生广告艺术大赛组委会.创意我飞跃:第11届全国大学生广告艺术大赛获奖作品集[M].北京:高等教育出版社,2019.

去,想寻找一个与我一起改变生活的你。希望那个你拥有博大胸怀,又时不时给我惊喜,希望那个你无畏艰难险阻,陪我一路冲刺远方。探歌——极具个性的 SUV,你的苛求再也不是奢望,你想要的一切都能满足。(探歌)

(创作者:沈河滨、梁子坤、兰海霞 指导老师:蒋述、刘娇娇)

这组广播包括一位男性的独白和一位女性的独白,他们把对未来的另一半的期待用自己的语言抒发出来,最后引出想要宣传的产品——拥有这些美好品质、可以满足一切要求的探歌。这类文案借主人公独白表明产品特性和品牌理念,应避免直接读文案,而应该以人物心理活动为线索进行创作。

又如第 12 届全国大学生广告艺术大赛广播三等奖作品《漂泊中的一丝温暖》①:

那天,是我独自在外漂泊最难熬的一天。老板的责骂,没赶上的地铁,被偷的钱包。走进那家唯一亮着灯的商店,老板笑着递给我一瓶新品,我没懂他的意思,喝了一口,入口焦香浓郁柔滑的感觉,我的烦恼瞬间被带走,只想停留在这一刻。那天,我找到了我在这座城市的温暖。娃哈哈黑糖奶茶。

(娃哈哈黑糖奶茶)

(创作者:农芳芳、黄思怡)

该文案以娃哈哈黑糖奶茶的目标人群——在大城市奋斗的年轻上班族为独白主人公,通过年轻上班族的内心独白,激发受众的情感诉求,对应了黑糖奶茶的核心卖点——入口焦香浓郁、纯正柔滑,让人忍不住嘴角上扬,心里暖暖的。

2. 陈述式

直接陈述是广播广告文案常见的形式。它具有易得性、时效性和便捷性等特点。陈述式文案要做到既平铺直叙又吸引受众,就必须掌握语言的抑扬顿挫,给人起伏感和感染力。例如第 11 届全国大学生广告艺术大赛广播类二等奖作品《你不知道的事》②:

你知道的是最高的山峰,叫作珠穆朗玛峰,你不知道的是众多的登山者在

---

① 全国大学生广告艺术大赛组委会.创意我热爱:第 12 届全国大学生广告艺术大赛获奖作品集[M].北京:高等教育出版社,2020.

② 全国大学生广告艺术大赛组委会.创意我飞跃:第 11 届全国大学生广告艺术大赛获奖作品集[M].北京:高等教育出版社,2019.

那埋下的灵魂。你知道的是生命禁区的可怖黑暗,你不知道的是可可西里的高原生灵在肆意奔跑。你或许知道许多,但你可以知道更多。爱华仕,装得下,世界就是你的。(爱华仕箱包)

(创作者:林晨怡、卢思婕　指导老师:陈欢)

该广播采用了陈述的形式,虽然形式简单,但通过文案的深度、播音员的浑厚嗓音和柔和的音乐,能够使听众自然而然地进入情境。文案通过列举两种自然景观背后的故事,传达爱华仕箱包更多、更大的格局,并用爱华仕经典广告口号作结语,使人印象深刻。

(二)情节式

1.对话式

通过两个或两个以上人物的问答形式而写作的文案叫作对话式文案。营造对话的情境可以贴近受众的生活,在情境上拉进产品与受众的距离。一问一答的形式吸引受众的好奇心,同时将广告诉求传达明确。对话内容要与产品信息有关。例如第 11 届全国大学生广告艺术大赛广播类一等奖作品《人生赢家》[①]:

老师:哪位同学能给我解析一下抖音拍摄中各个镜头的产生效果?

同学 A:我!

老师:哪位同学能告诉我 Java 在企业及应用中实际开发的过程?

同学 A:我!

老师:哪位同学会开发微信小程序啊?

同学 A:我!

老师:这位同学不错,期末加 30 分。

同学 B:他怎么什么都会呢? 今年奖学金又没我的份了。

同学 C:他连开发微信小程序都会,好帅呀。

旁白:课工场,大学生的在线学习秘密基地。

旁白:始于颜值,陷于才华,忠于课工场。

(课工场)

(创作者:李港、吴菲敏　指导老师:黄海珠)

---

① 全国大学生广告艺术大赛组委会.创意我飞跃:第 11 届全国大学生广告艺术大赛获奖作品集[M].北京:高等教育出版社,2019.

该广播广告文案采用了师生对话的形式,贴近课工场的用户——大学生的实际生活学习场景,在师生对话间讲述了课工场的课程内容和大学生应该掌握的课内外知识,不仅形式新颖,吸引听众的注意力,对话内容也将课工场的用途和理念传达得生动具体。

在创作对话式广播文案时要注意营造氛围,突出场景的真实性,让听众体会到临场感,这样听众才更易被劝服。

2.故事式

在广播广告中用故事来告知受众的文案叫作故事式文案。运用讲故事的手法做广播广告更容易产生画面感,更容易让听众产生情感共鸣,理解广告意图。例如第11届全国大学生广告艺术大赛广播类二等奖作品《薇婷发现裸肌美》①:

贵妃:来人呐,把珍妃的丫鬟给我带上来。

丫鬟:贵妃饶命。

贵妃:说,皇上为什么会在珍妃那儿夜夜留宿?

丫鬟:娘娘,我不清楚,

贵妃:给我打!

丫鬟:我不会说是薇婷脱毛膏的。

贵妃:什么? 薇婷脱毛膏。

丫鬟:没有,娘娘,我没有说是薇婷脱毛膏,我没有说是因为珍妃用了薇婷脱毛膏,肌肤光滑白皙,才备受宠爱的呀,娘娘。

贵妃:本宫知道了。

旁白:脱毛用薇婷,发现你的有机美。

(薇婷脱毛膏)

(创作者:高文杰、何静、邰炀炀　指导老师:杨施敏、李世敏)

该广播采用小品的形式描述了宫廷里的故事,借用后宫中争风吃醋的故事突出了薇婷脱毛膏的产品功效,趣味性十足,而且引人入胜,给听众留下深刻印象。贵妃和丫鬟这一对带有故事色彩的主人公带有戏剧性,两者之间的矛盾成为创意的来源。有冲突就有故事,有故事就有创意,在文案创作时可以挖掘事

---

① 全国大学生广告艺术大赛组委会.创意我飞跃:第11届全国大学生广告艺术大赛获奖作品集[M].北京:高等教育出版社,2019.

物之间的联系和矛盾。

又如第 12 届全国大学生广告艺术大赛广播类三等奖作品《国王的新妆》①：

旁白：很久很久以前，有一位爱漂亮的国王，他寻寻觅觅，终于换上了新装。

大人 1：天呐，也太美了吧，轻薄地跟神仙下凡似的。

大人 2：是呀是呀，质感如此细腻，太服帖了吧。

小孩：你们胡说，他根本没有化妆。

旁白：自然堂冰肌粉底液，轻薄无瑕零妆感，还你天生好皮肤。

（自然堂冰肌粉底液）

（创作者：刘子怡、陈姗亘、巩佳睿　指导老师：刘英华）

该广播叙述的故事出自童话故事——《皇帝的新装》，同时也使用了对话形式。《皇帝的新装》里的国王没有穿衣服，大人们都以为国王的衣服轻薄、质感服帖，只有小孩说国王根本没穿衣服。该作品利用这个家喻户晓的童话故事，说明国王使用自然堂冰肌粉底液后，皮肤细腻，没有妆感。该广播广告利用童话故事的形式将自然堂冰肌粉底液的产品特点描述得很清楚，而且这种形式也易于听众理解广告的主题和意图，有效地将讲故事和做广告完美地结合起来。

3. 解说式

解说式广播广告是指从第三人称的角度说明产品信息，给人一种客观公正的感觉，类似于体育现场解说，具有较强的现场感，可以吸引受众的好奇心。因此解说式文案要紧凑，避免单调和乏味。例如第 11 届全国大学生广告艺术大赛广播一等奖作品《天气预报》②：

大家好，欢迎收听今日的小迷糊播报，自小迷糊面膜使用以来，脸部地区降水充沛，补水量达到有史以来最大，未来一周补水量将持续增加。受天然植物能量覆盖影响，肌肤发出提亮信号，暗沉皮肤预警将逐步减少，肌肤回到水润通透状态，还原生活本身色彩，和套路说拜拜，简单小迷糊，天然水透肌。（小迷糊面膜）

（创作者：李仟、许昆　指导老师：张任、沈敏善）

---

① 全国大学生广告艺术大赛组委会.创意我热爱:第 12 届全国大学生广告艺术大赛获奖作品集[M].北京:高等教育出版社,2020.

② 全国大学生广告艺术大赛组委会.创意我飞跃:第 11 届全国大学生广告艺术大赛获奖作品集[M].北京:高等教育出版社,2019.

该广播采用了天气预报员解说天气情况的方式进行播报,将使用小迷糊面膜的脸部拟人化,增添了趣味性,同时形象地传达了小迷糊面膜的功效——补水、提亮。强烈的现场感和生动的语言描述,使得该广告深入人心。除了天气预报解说式,体育竞赛解说、游戏解说、影视作品解说等形式也符合当今受众的倾听习惯,值得采用。

4. 猜谜式

猜谜式广播广告文案是在广告中设置悬念,提出一个谜面——谜面与产品信息或诉求相关,勾起受众的好奇心和求知欲,再给出答案,满足受众的知情要求。这样的文案不仅吸引受众,而且能较生动地传达产品信息。例如第9届全国大学生广告艺术大赛广播类三等奖作品《知识竞答》①:

甲:请听题,世界上最长的山脉是?

乙:安第斯山脉。

甲:世界上最大的海港是?

乙:鹿特丹港。

甲:世界上第一个手机的发明者?

乙:Martin cooper。

甲:世界上第一个人是?

乙:露西少女。1974年美国科学家在埃塞俄比亚发现其化石。

甲:恭喜回答全部正确,您的姓名是?

乙:爱华仕。

旁白:爱华仕箱包装得下,世界就是你的。

(爱华仕箱包)

(创作者:朱文欣、丁嘉璐)

该广播以知识问答的形式提出一系列疑问,吸引听众的注意力,调动了听众的积极性,最后再引出谜底,传达了爱华仕箱包装得下世界的品牌理念。在爱华仕箱包的广告口号中提炼了"世界"这一文案,谜面上的问题与这一文案相联结,用世界上的其他事物的突出特征,引出爱华仕箱包装得下很多东西、能够走遍全世界的品牌理念。

---

① 全国大学生广告艺术大赛组委会. 创意我热爱:第九届全国大学生广告艺术大赛获奖作品集[M]. 北京:高等教育出版社,2017.

（三）艺术表现式

1. 相声式

相声是一种口头表演形式，由两个人一唱一和地进行表演。广播广告使用相声式文案具有幽默诙谐、轻松活泼的效果。例如第 11 届全国大学生广告艺术大赛广播二等奖作品《就一瓶儿》①：

甲：您说我这个媳妇儿，早上起来得给我急死，她得先涂爽肤水、柔肤水、精华水、防晒霜、隔离霜、眼霜、粉底液、粉底膏、粉底棒、气垫 BB、遮瑕、散粉……

乙：诶，停停停，一瓶小迷糊素颜霜就搞定了。

甲：这么厉害？

乙：那可不，不仅护肤，妆效还自然呢。

甲：那我得给我媳妇儿买一瓶。

旁白：简单小迷糊，天然水透肌。

（小迷糊素颜霜）

（创作者：徐丽彬　指导老师：李蓉）

该相声式广告文案通过绕口令的形式甩出"包袱"，实则是将小迷糊素颜霜的功效轻松地表达出来，让受众欣然接受。同时，相声营造了符合现实的情境，容易引起受众共鸣。在使用相声的艺术表现形式时语言要生动幽默、易于理解，避免说教和繁复的文案，"包袱"要响，也要文雅。

2. 歌曲式

歌曲式文案需要音乐、歌词、音响的配合。合适的旋律与广告文案结合不仅有审美的情趣，甚至可以形成"洗脑"式传播，促使受众自发地在人群中传播。

你爱我，我爱你，蜜雪冰城甜蜜蜜。你爱我，我爱你，蜜雪冰城甜蜜蜜。你爱我呀，我爱你，你爱我，我爱你，蜜雪冰城甜蜜蜜。（蜜雪冰城）

该广播广告歌词简单，旋律熟悉，重复地洗脑式传播，向人们传达了蜜雪冰城甜蜜轻松的品牌理念，甚至促使听众自发地改编和传唱，可以说是一次成功的营销。该主题曲表达通俗易懂、老少皆宜，文字较为直白，表达比较明确，朗朗上口的词曲很接地气。其旗下每个门店都统一店面标识、统一员工标识、统一使用大喇叭式的主题曲传播策略，也使得这一广告文案深入人心。

---

① 全国大学生广告艺术大赛组委会. 创意我飞跃：第 11 届全国大学生广告艺术大赛获奖作品集［M］. 北京：高等教育出版社，2019.

3.诗歌式

诗歌是一种比较规范的文学形式,在现代生活中代表着文化和浪漫的成分。在广告中利用诗歌不仅提升了广告的文学格调,而且这种朗朗上口的韵律也能吸引听众的注意力。要注意的是,在抒情时要紧贴产品特点和品牌理念。

例如第9届全国大学生广告艺术大赛广播三等奖作品《一路"箱"伴》①:

你走过平湖秋水,看过日出日落,与石像对话,和森林漫谈,在雪峰留下滚烫心绪,在深海腾起沉重沙粒。你以为未来有多远? 它就在你心里。你以为世界有多大? 它都在背包里。爱华仕箱包,装得下,世界就是你的。(爱华仕箱包)

(创作者:王晨　指导老师:郭世俊)

该广播广告表达了爱华仕箱包的品牌理念——不管梦想多远,世界多大,爱华仕箱包都可一路相随。诗歌文案温暖动人,而且增加了广告文案的文学性,提升了品牌的格调和品位,增强了品牌的影响力,意蕴丰富,情感充沛。

又如第10届全国大学生广告艺术大赛文案类三等奖作品《致杜蕾斯》②:

致杜蕾斯

如果我爱你——

绝不像木讷的男子,

为女子重复单一的情趣。

也不止像暖男,

送来温柔的慰藉;

也不止像型男,

挑逗你的可爱,

诱发你的魅力。

甚至水流,

甚至空气。

不,

这些都还不够!

---

① 全国大学生广告艺术大赛组委会.创意我热爱:第九届全国大学生广告艺术大赛获奖作品集[M].北京:高等教育出版社,2017.

② 全国大学生广告艺术大赛组委会.创意我闪耀:第十届全国大学生广告艺术大赛获奖作品集[M].北京:高等教育出版社,2018.

我必须是你贴身的一件隐形防护衣，

作为护卫的形象和你套在一起。

身，

贴合在一起；

情，

萦绕在心底。

每一次碰撞，

我们都相互致意，

但没有人，

听懂我们的蜜语。

我帮你承担洪潮、汹涌和危机，

我们共享润滑、安全和亲昵。

仿佛薄如蝉翼，

且亲密零距离。

这才是伟大的爱情，

体贴就在这里：

不仅给你有恃无恐般去爱的勇气，

也要予你爽快舒适的体验、魂牵梦萦的回忆。

（创作者：周灵欣　指导老师：陈倩）

该文案作品模仿中国诗人舒婷的诗歌《致橡树》的格式和词句，用文学艺术手法突显杜蕾斯安全套的产品性能——安全、轻薄，保持了杜蕾斯广告文案一贯的文艺风格，强调了品牌的调性。杜蕾斯是情趣用品，所以创作者用文艺的、隐晦的文案表达了杜蕾斯的产品特性。

4. 小品式

小品式广告文案类似于对话式文案，但又有新特点：小品式文案的句式不要求严格的规范和问答，更加重视情节的趣味性，人物角色更鲜明。例如第 9 届全国大学生广告艺术大赛广播类三等奖作品《卖拐后传》①：

———————

① 全国大学生广告艺术大赛组委会.创意我热爱:第九届全国大学生广告艺术大赛获奖作品集[M].北京:高等教育出版社,2017.

卖 拐 后 传

甲:大忽悠呀,这十年不见,混得越来越好啦,你这拎着大箱子要干啥去?

乙:这不忽悠完你之后小赚了一笔嘛,做生意发财了,这搬个新家去。

甲:那你那拐没带着呀?

乙:这不,包里呢。

甲:担架呢?

乙:也在包里呢。

甲:那轮椅呢?

乙:都在包里呢,俺媳妇儿、孩子都搁包里呢。

甲:哎呀,厉害了我的哥,这么小的包咋装这么多东西呢?

乙:哎呀妈呀,爱华仕箱包,装得下,世界就是你的。

(爱华仕箱包)

(创作者:彭绍帅、李佳　指导老师:姜壮、王钊熠)

该广播广告续写了经典小品——《卖拐》,这种形式喜闻乐见,故事情节生动诙谐、幽默夸张。小品通常具有娱乐和教育大众的作用,想在小品中融入广告文案的元素,就需要在叙述小品故事时将产品特色与品牌理念代入整体寓意。此类广告不仅丰富了受众的娱乐生活,也能起到引导和教育受众的作用。

5.快板式

快板是一种传统的说唱艺术,属于语言类表演形式。快板式文案节奏感很强,朗朗上口,搭配快板的音效声,更加押韵。郭沫若先生说:"本来宇宙间的事物没有一样是没有节奏的。譬如寒往则暑来,暑往则寒来,寒暑相推,四时代序,这便是时令上的节奏;又譬如高而为山陵,低而为溪谷,陵谷相间,岭脉蜿蜒,这便是地壳上的节奏。宇宙内的东西没有一样是死的,就因为都有一种节奏。"

例如第9届全国大学生广告艺术大赛广播三等奖作品《平遥游览来一套》[①]:

要要切克闹,平遥游览来通票,县衙谯楼城隍庙,镇国双林老票号,古城墙边走一遭,民居长街来拍照,迎宾娶亲真热闹。我说平遥,你说要。平遥,要,平

---

① 全国大学生广告艺术大赛组委会.创意我热爱:第九届全国大学生广告艺术大赛获奖作品集[M].北京:高等教育出版社,2017.

遥,要。平遥在等你,要来哦。(平遥古城)

(创作者:王彤旭、吴爽 指导老师:刘鸣筝)

快板式属于一种直接叙述的手法,贴近时代背景,反映生活的现状,开门见山地进行宣传教育。该广播广告节奏轻快,朗朗上口,押韵的句式易于听众重复并加深听众的印象,在打节奏间传达了平遥的景点信息,吸引听众倾听。广播文案作用于人的听觉感官,文案是第一重要的,形式和文案表达方式能通过不同的刺激获得不同的效果。

二、广播广告文案的写作要求

(一)引人入胜

广播广告没有视觉画面和文字的辅助,借助声音来传达信息。因此,广播广告文案必须为听众提供引人入胜的画面式描述,营造一个符合创意的特定情境,烘托广告创意的氛围和环境,构造曲折有趣的情节,从而启发听众发挥想象力。

(二)通俗易懂

由于广播广告本身具有覆盖面广、传播及时、注意力停留时间短暂等特点,要达到有效的传播目的,广告文案就必须通俗易懂,尽量使用口语化的简单词句,同时避免抽象的内容、方言和有歧义的词句。

(三)内容简练

广播广告是一种伴随式的广告形式。它的应用场合大多伴随着其他分散注意力的音效,并且诉诸听觉的记忆大多是短暂的,因此,广播广告文案必须内容简练。在参加竞赛时,广播时间要控制在 30 秒内。要在短时间内传达较多、较明确的广告信息,创作者就要保证内容凝练。

第四节 视 频 类

视频类广告是在各种可播放视频的媒体设备中进行投放的广告类型,分为传统视频广告和移动视频广告。传统视频广告是投放在电视、户外大屏幕上的。移动视频广告是在移动新媒体上进行插播的视频广告形式,比如手机、电脑和平板。相对于其他广告形式,视频类广告在多重感官上刺激消费者,具有感染力强、效果好、受众面广等特点。视频类广告文案包括广告标题、广告解说词(对白、独白、旁白)等。

一、微电影广告

微电影广告采用电影的拍摄手法和技巧,表现广告的故事性。这种形式在故事表述中将品牌理念和产品卖点不知不觉地传达给受众,在审美的基础上进行广告营销。竞赛中微电影广告时长需要控制在 30～180 秒内,限横屏。因此,这种视频形式叫微电影广告。微电影广告的文案要求凝练、带有感性诉求等。例如第 11 届全国大学生广告艺术大赛视频类微电影广告二等奖作品《一直向前》①:

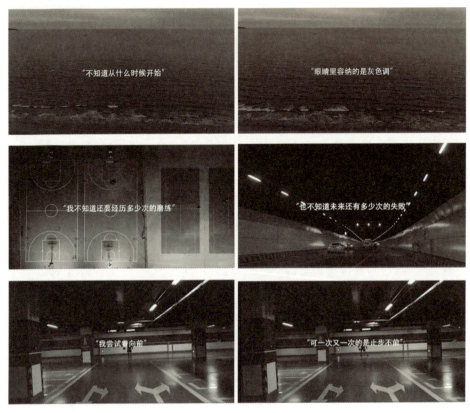

---

① 全国大学生广告艺术大赛组委会.创意我飞跃:第 11 届全国大学生广告艺术大赛获奖作品集[M].北京:高等教育出版社,2019.

图 10-6　第 11 届全国大学生广告艺术大赛视频类三等奖作品《一直向前》

（创作者：魏秉扬　指导老师：张弢）

该广告是一汽大众的一款 SUV——探歌的微电影广告。在这则广告中可以看出探歌主打的品牌理念是年轻无畏、勇于挑战,象征着年轻人追逐梦想、永无止境的探索精神,也传达了年轻人积极向上、笑对人生的乐观精神。该广告前半部分采用电影画质的灰黑色调,配上人物的内心独白,寓意年轻人普遍迷茫和焦虑。后半部分的画面开始有色彩,寓意年轻人要不停运动才能改变一成不变的生活,积极追逐梦想,勇敢无畏,才能笑对人生。微电影广告最后出现产品信息,配上字幕"别丢了自己""别回头""一直向前"。整个广告既有电影的画面感,又有商业广告的基本要素,品牌理念和产品调性在电影叙述中表露出来。用这种广告方式容易与受众产生共鸣,也提升了受众的审美水平,强化了广告效果。

二、短视频广告

短视频广告是时长在 30 秒以内(含 30 秒),限竖屏,视频宽高比为 9:20 至 9:16 的广告形式。在智能手机时代,这种竖屏的短视频广告经常出现在碎片化、个性化的应用软件中,不易察觉或与内容融为一体,成为受众最常见的视频类广告之一。短视频广告短小精悍,节奏较快,需要在 30 秒内吸引受众的注意力,告知产品信息。短视频广告文案一般是大众化的、口语化的,能够在短时间内形成记忆,经常采用重复的文案来加深印象。例如第 11 届全国大学生广告艺术大赛视频类短视频广告三等奖作品《面》①:

① 全国大学生广告艺术大赛组委会.创意我飞跃:第 11 届全国大学生广告艺术大赛获奖作品集[M].北京:高等教育出版社,2019.

图 10-7　第 11 届全国大学生广告艺术大赛视频类三等奖作品《面》（创作者：杨晓旭、陈金艳、陈丽晴　指导老师：杨恩慧）

　　该短视频广告用 15 秒时间传达了产品信息——小迷糊面膜，以及品牌理念——做简单的自己，过不套路的人生。广告开始以"面"作为贯穿整体的线索，主角是带着很多张面具的人，拿下所有面具，敷上小迷糊面膜后，做回真正的、简单的自己，最后展示产品标语和包装。短视频广告中的文案起到了辅助和说明的作用，串联了广告创意，在极短的时间内有效地传递了产品信息。

三、影视广告

影视广告不同于微电影广告和短视频广告,其适用范围更广泛,制作要求也更宽松,时长有15秒或30秒两种规格,限横屏。影视广告覆盖面广,有较强的冲击力,表现力强,能生动形象地展现企业和品牌理念。影视广告文案包括广告口号,也包括人物独白、对话和画外解说等声音语言。例如第11届全国大学生广告艺术大赛视频类影视广告一等奖作品《小迷糊面膜——文艺版》①的文案:

一天很长,一天很短。想要迅速长大成人,又想做回那个小孩。无知者的快乐和有志者的烦恼,无法抉择。敷张小迷糊面膜,让生活简单点。

(创作者:江淇　指导老师:付帆)

---

① 全国大学生广告艺术大赛组委会.创意我飞跃:第11届全国大学生广告艺术大赛获奖作品集[M].北京:高等教育出版社,2019.

想要迅速长成人

又想做回那个

小孩

无知者
的快乐

烦
的恼
有志
和者

图10-8 第11届全国大学生广告艺术大赛视频类一等奖《小迷糊面膜——文艺版》

这则影视广告的文案采用人物的内心独白,描述长大后的压力和迷茫,渴望回归简单、自然的生活,抓住了当代女性的现状和痛点,配合画面更容易引起受众共鸣,激发受众的使用和购买欲望。影视广告在影视剧或荧幕上播放,在传达广告信息的同时,也给人带来审美和娱乐享受。

四、动画广告

动画广告是使用卡通动画形象来进行广告创作的形式,通常有15秒和30秒两种规格,每秒24帧,须有配音、配乐,画面宽度600至960像素,宽高比为16∶9。动画广告对制图技术有较高的要求,制作成本较高,费时费力。动画广告配乐轻松、有节奏,文案活泼生动,配合动画传达广告信息。例如第11届全国大学生广告艺术大赛动画类广告一等奖作品《课工场——SHOW TIME》①的广告文案:

竞争激烈就业难,课工场为你来护航。

---

① 全国大学生广告艺术大赛组委会.创意我飞跃:第11届全国大学生广告艺术大赛获奖作品集[M].北京:高等教育出版社,2019.

专家达人传神技,互动学习不迷茫。

线上线下模式广,提升技能有保障。

玩转技术它最棒,随时随地补能量。

个性学习有方向,职场人脉得扩张。

轻松学习在课工场,高薪就业铸辉煌。

(创作者:左濛、刘子豪、夏子岚、何猛、周沛　指导老师:周亚兰、赵容浩)

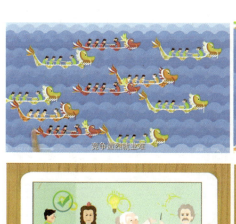

图 10-9 第 11 届全国大学生广告艺术大赛动画类一等奖作品《课工场——SHOW TIME》

　　这则动画广告的主角是一个由动画制成的男大学生。广告文案表达了大学生目前的就业需求,针对需求提出了课工场的卖点和产品信息:有专家传授就业技能,并且能够与老师进行互动;可以线上学习,也可以线下学习;根据个人性格进行就业方向的指导,对就业和职场技能的提升有帮助。这些信息通过动画方式进行表达,可有效吸引大学生的注意力,达到广告诉求。

第五节　广告策划案

　　广告策划案是为了完成营销计划,达到广告目标,在整体上进行规划的广告策略或战略。广告策划案基于广告市场分析和调查进行总体规划。广告策划案的制定决定了广告的决策和运作步骤。在实操中,广告策划案需要根据命题策略单的具体要求和侧重点进行创作。若命题策略单中无侧重说明,广告及营销策划案可参考以下内容框架:①内容提要;②市场分析;③营销策略;④创意设计执行;⑤广告预算及媒介计划。

　　广告文案在广告策划案中的作用是形成书面的广告制作流程和规划,将广告创意和广告理念用文字的方式表达,有助于广告按照步骤有计划地进行。

第六节　公益广告

公益广告有别于商业广告。它不以营利为目的,倡导向大众传递积极健康的观点和态度,对大众进行思想道德教育和社会服务。公益广告的受众面广泛,广告主题与公共利益有关,推动社会向善。

公益广告的发布主体分为社会机构、企业组织和媒体组织等。公益广告的类型包括平面公益广告、视频公益广告、户外公益广告等。公益广告的主题包括禁毒禁烟类、社会公德类、环境保护类、公共卫生与健康类等。

一、公益广告文案写作的注意事项

(一)感性诉求与理性诉求相结合

公益广告不同于政治宣传和舆论宣传,旨在不知不觉地影响受众的意识和行为。在进行公益宣传时,既要打动受众的心灵,引起情感共鸣,又要告知受众其中的道理,引发受众思考,晓之以理、动之以情,来达到公益宣传的目的。

(二)文案或警示或夸张,触动人心

公益广告的目的是唤起大众的某种意识,影响大众的行为,因此,表达方式必须能够感染受众。公益广告文案采用警示的方法,展现可怕的后果,通常用于交通、禁烟、禁毒等广告。夸张的手法可以放大问题和现象,揭露社会的本质,唤起人们对正义和道德的良知,甚至在面对不良行为时主动进行抵制和反抗。

(三)寓教于乐,避免说教

公益广告旨在通过宣传影响受众的意识和行动。广告发布者应与受众平等沟通对话,站在受众的角度进行教育,而不是采用高高在上的态度进行硬性说教。轻松愉悦、带有人情味和娱乐性的广告文案更容易使受众自觉接受并落实行动。

二、公益广告的类别

(一)企业公益广告

企业公益广告是以营利为目的的企业和品牌制作的公益广告,旨在通过发

布公益广告树立良好的形象,传达品牌的格局和理念,给受众一种有责任和担当的形象,以较低的成本赢得较高的受众好感度,提升企业的美誉度,为企业赢得无形资产,这是比直接的经济利益更加长远和有意义的收获。企业在进行公益广告文案创作时,要将社会效益放在首位,自觉主动地承担社会责任,弘扬社会公德。

(二)社会公益广告

社会公益广告是由政府主导的社会公共机构和组织制作的公益广告,旨在弘扬社会主义核心价值观,维护公众利益和社会秩序。它以全社会的利益为出发点,强调慈善和大爱,弘扬传统美德,维护社会公德。

三、公益广告的主题
(一)禁毒禁烟类

涉及禁毒的议题相对比较严肃,在进行禁毒和禁烟公益广告文案创作时,要突出毒品和香烟对自身和他人的危害,采取警示和恐吓的手法表现广告主题,激发公众的理性诉求,同时表现生命的珍贵和美好,在情感诉求上满足公众对美好生活的向往。

文案一:毒猛于虎,一沾必腐。(创作者:杨国辉)

文案二:好奇害死猫,尝毒定中招。(创作者:季友力)

文案三:试一试,健康消失,尝一尝,家破人亡。(创作者:李满贤)

文案一使用了比喻和押韵的修辞手法,将毒品喻为比老虎还凶猛、恐怖的东西。"虎"和"腐"押韵,朗朗上口。

文案二使用了押韵和对仗的修辞手法。前一句"好奇害死猫"是公众耳熟能详的歇后语,用人们熟悉的语言进行二次加工,可以吸引受众的注意力。

文案三使用了押韵和对仗的修辞手法,警示人们绝对不要轻易尝试毒品,放弃健康和美好的生活。这样易于理解和传播的公益文案能够影响受众的认知和行为,将更多蠢蠢欲动的苗头扼杀在摇篮里。

正如宣传部门强调的,对毒品问题要保持"零容忍"的态度,筑牢思想防线,认清毒品的危害,坚决拒绝毒品的腐蚀和侵害。这三条文案都带有恐吓和警示作用,向受众传达了毒品的危害,警示人们必须远离毒品,珍爱生命。

例如学习强国在国际禁毒日发布的公益广告。

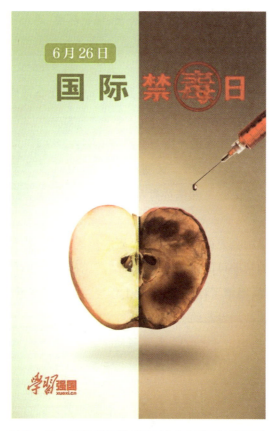

图 10 – 10　"学习强国"学习平台海报《国际禁毒日》

　　该平面公益广告生动形象地展现了毒品对身体健康的危害,用比拟的手法将苹果比作人的身体,在注射毒品前是新鲜的,富有生命力和色彩。然而,右边的那半苹果被注射了毒品,开始腐烂和衰败。这在视觉上冲击着公众,通过对比直观地表达了毒品的危害,给人以警示作用。

(二)社会公德类

　　社会公德是对社会上每一位公民的行为和思想提出的基本规范和要求。在中国现代社会中,社会公德的主要内容为文明礼貌、助人为乐、爱护公物、保护环境、遵纪守法。①

　　例如来自中宣部宣教局和央视新闻的一组社会公德类公益广告文案:

践行社会公德,做新时代好公民,

---

① 本书编写组.思想道德修养与法律基础[M].北京:高等教育出版社,2012:129.

文明礼貌、助人为乐、爱护公物、保护环境、遵纪守法，

新时代、新道德、新生活。

1. 文明礼貌

社会公共生活中，公民应该以礼待人，自觉维护社会秩序，不说脏话，不骂人，这是处世做人最起码的要求。

例如中宣部宣教局发布的一则公益广告文案：

文明礼貌，

用实际行动关爱他人。

2. 助人为乐

助人为乐既是社会公德，也是中华民族的传统美德。在他人需要帮助的时候给予力所能及的帮助可以让社会更加团结。比如在郑州暴发洪灾后，全国各地对郑州提供帮助，凝聚了社会的合力，让心与心之间更亲近。

例如中宣部宣教局发布的一则公益广告文案：

无私帮助，

让每颗心离得更近。

3. 爱护公物

爱护公共财物是社会公德极其重要的内容。在公共场合更要爱护国家及公共财产。

例如中宣部宣教局发布的一则公益广告的文案：

爱护有我，

迎接新的每一天。

4. 保护环境

为了保持社会公共环境的整洁、舒适和干净，保障社会成员的身体健康，每个公民都应当讲公共卫生、保护生活环境，这也是社会公共生活中人们应当遵循的最基本的行为规范。讲公共卫生，维护优美的环境，是人们保持身心健康的重要保证，是社会风尚的一个重要方面，体现出一个民族的文明程度和精神面貌。

例如中宣部宣教局发布的一则公益广告文案：

共同保护，

环境可以更美丽。

5.遵纪守法

自觉遵守法律法规,是社会公德最基本的要求。遵纪守法是维护公共生活秩序的重要条件,能够保障社会正常运行,有条不紊地进行生产生活实践。遵纪守法不仅是对自己负责的表现,也是对家人和社会负责的表现。

例如中宣部宣教局发布的一则公益广告文案:

遵纪守法,

幸福生活就在你我身边。

上述关于社会公德的公益广告文案具有明显的社会特点。一、公益性:不以营利为目的,为公众谋利益。二、社会性:聚焦的是事关公众的社会问题,有一定的普遍性。三、观念性:致力于传达符合社会主义核心价值观和公众利益的观念。四、倡导性:虽没有法律强制力,但是公益广告文案作用于人的观念,引导大众向美向善。

(三)传统节日和纪念日

传统节日蕴含着丰富的中华传统美德,社会公众有责任和义务继承和弘扬传统文化。南京大屠杀死难者国家公祭日、抗日战争胜利纪念日等特殊的纪念日承载着中国和世界特有的记忆,提醒着世人勿忘历史,砥砺前行。例如来自孟村县委网信办的南京大屠杀死难者国家公祭日的公益广告文案:

南京大屠杀死难者国家公祭日

12.13 述往事,思来者

这是一场对重大灾难的纪念,这是一次对受难同胞的缅怀

此类公益广告旨在提醒公众勿忘历史,文案的写作突出当代公众的责任和义务,读来令人激动和振奋。

(四)环境保护类

环保类公益广告通过艺术形式向公众传播环保知识。环保类公益广告包括节水节能节电、垃圾分类、低碳生活、保护植被、保护地球等方面。

例如来自官方环境保护组织——WWF(世界自然基金会)的公益广告不但创意十足,而且发人深省:

森、林、木、十。

关注森林资源的持续发展。

这则公益广告利用文字的字形结构进行广告创意设计。原本森林是茂密

的,有很多"木",浪费树木资源,"木"就会越来越少:慢慢地从三个木的"森"到两个木的"林"再到一个"木",最后剩下的是一个象征坟墓的"十"字。这寓示着不爱护环境、不讲究森林资源的持续发展会导致树木越来越少,最后的结果就是人类自掘坟墓。这则公益广告巧妙地利用文字的组合和拆分进行设计,具有简洁明了的画面,又带有警示的意味,令人茅塞顿开,促使人类保护环境、保护树木。

(五)公共卫生与健康类

公共卫生与健康涉及社会公民的身体和生命健康,与人类命运息息相关。在疫情暴发期间,公共卫生与健康类公益广告在传达防疫知识、稳定公众情绪、传递社会关爱、凝聚社会合力方面做出了突出贡献。

例如中宣部宣教局、国家卫生健康委宣传司指导,中国健康教育中心制作的一组抗疫公益广告文案:

1. 坚持就是胜利。进一步动员起来,统一思想,坚定信心,坚持不懈,抓细抓实各项防疫工作。

2. 不麻痹,不厌战,不侥幸,不松劲。进一步动员起来,统一思想,坚定信心,坚持不懈,抓细抓实各项防疫工作。

3. 配合防控,人人有责。出现发热、干咳等症状,及时就医,并主动向社区报告。发现抗原自测阳性,主动向社区报告。

4. 疫苗抗疫效果好,积极接种不能少。接种疫苗可以显著减少感染后的重症。老年人和患有基础性疾病的人更需要接种疫苗。

5. 接种疫苗加防护,防疫效果很显著。尽快完成全程接种,按规定加强免疫。疫苗接种配合个人防护,是当前疫情防控的有效手段。

又如第12届全国大学生广告艺术大赛平面类一等奖作品《"疫"着不慎,满盘皆输》[①]:

> 居家是最好的口罩。不要让病毒有机可乘。
>
> 居家是最好的酒精。不要让病毒乘虚而入。
>
> 居家是最好的防护服。不要让病毒有隙可乘。

（创作者:马夏怡　指导老师:曹成明）

---

① 全国大学生广告艺术大赛组委会.创意我热爱:第12届全国大学生广告艺术大赛获奖作品集[M].北京:高等教育出版社,2020.

该平面广告文案配合图画,使用了比喻的修辞手法,将疫情期间的医疗防护物品——口罩、酒精、防护服等比作家里的门,隔绝了病毒,寓意为居家是最好的防护措施,像口罩、酒精和防护服一样保护公众,隔绝病毒。该公益广告用形象且有警醒作用的文案鼓励公众居家生活,减少外出,减少病毒的扩散。

2020 年初,一场突如其来的公共卫生安全与健康事件给政府的社会治理能力和公民的生命健康造成了巨大挑战。首先,公益广告文案在疫情期间起到了宣传作用,将国家和政府的疫情防控工作重点、发展情况向全社会宣传,通过内容的顶层设计把握社会的舆论导向,与全社会抗击疫情、共渡难关。其次,公益广告文案发挥了沟通交流的作用,不仅将疫情防控的实时情况告知受众,而且积极解决民众的疑惑与担忧,通过公益广告文案与公民互动对话。再次,公益广告文案传递了社会正能量,在公众身心健康受到威胁时,在心理上给予安慰和鼓励,使公众在面对疾病时充满信心,同时在行动上配合国家防疫政策,传播抗疫知识和疫苗防护知识,在理性和感性上激励受众,帮助全社会共渡难关。

第十一章　广告文案的伦理规范

第一节　广告文案的积极影响

一、传递正确价值观

无论商业广告还是公益广告,都能传递信息、沟通受众。一些广告文案的内容充满正能量,如蕴含温情的母爱广告、感人至深的慈善广告等。这些广告文案可以传递积极的价值观和情感,感染读者、受众,不仅推广品牌,更能够传递社会的正能量。

二、提高社会审美水平

广告的艺术表现手法充满想象力和创造力,优秀的广告作品给人以美的享受。广告文案的艺术性表达不仅体现了文字的魅力,也体现了人类创造活动的丰富性。

三、促进商品流通和经济发展

广告文案作为一种推销手段,可以帮助企业宣传和推销产品,促进经济发展。在竞争激烈的市场上,广告文案可以吸引消费者的注意力,并让他们了解企业的产品或服务。这有助于增加销售额,提高企业的收益。

四、满足消费者需求

为了让商品更好地流通到需要的人手里,必须对商品的特点、用途等进行挖掘并采用艺术性的手法呈现给消费者,让消费者在了解商品的基本信息后,决定是否进行购买或使用。

五、提高品牌知名度

为品牌制作广告文案就是替品牌说话,优秀的广告文案可以使受众对品牌产生好感和积极的态度,在受众心目中留下深刻的印象,有助于提升品牌的知名度和美誉度,让消费者在产生购买需求时优先选择品牌。

第二节　虚假广告文案

虚假广告,就是指广告内容是虚假的或者容易让人误解的广告。《中华人民共和国广告法》第四条规定:广告不得含有虚假或者引人误解的内容,不得欺骗、误导消费者。广告主应当对广告内容的真实性负责。

第九条规定,广告不得使用"国家级""最高级""最佳"等用语。广告法第九条在列举其适用的典型事项后,又以"等"字进行表述。这在立法技术上属于不完全列举的例示性规定,在执法过程中可以依据个案情况认定与"国家级""最高级""最佳"类似的用语属于禁止使用的用语。

禁止使用的绝对化用语指向的是经营者所推销的商品或提供的服务,如果绝对化用语指向的不是经营者所推销的商品或提供的服务,则不属于禁止范围。禁止使用的绝对化用语应具有损害同行竞争者利益的可能性。

例如椰树椰汁因广告文案被指暗示具有丰胸功效,而陷入传播低俗广告和广告虚假宣传的质疑,当地工商局也对海南椰树集团涉嫌发布违法广告的行为进行立案调查。海南椰树集团官方微博对此发布消息称,"我从小喝到大"广告文案不违反广告法,这句广告文案不是指喝椰汁丰胸,而是宣传消费者对椰树牌椰汁信得过,以预防我们的产品被省内外80多种伪劣椰汁冲击,有利于消费者辨别真伪;并称该广告得到中国广告协会批准、工商部门认可。然而,包装上"每天一杯椰树牌椰汁,曲线动人,白嫩丰满"等类似广告文案,配合图片和醒目的字体,存在"弄污造假"的嫌疑。新华网也发表评论《正经椰汁何必弄"污"造"假"》:"明明可以靠质量立足,却偏偏要用'辣眼睛'的低俗和虚假广告闯市场。日前,海南椰树牌椰汁因涉嫌发布违法广告被立案调查。吸引消费者本无可厚非,但一旦突破底线,炒作噱头,忽悠公众,就会把产品宣传'作'成'品牌危机'。玩套路换不来产品美誉,虚假广告更是自毁品牌。不论什么时候,企业要发展,只有凭质量说话,靠诚信取胜,才能赢得消费者的真心认同与长久支持。"

例如,高乐高营养饮品由脱脂可可粉、蔗糖、谷物等加工而成,曾经被中国消费者评为高质量、值得信赖的健康品牌。然而它的广告文案存在虚假宣传的问题,天津高乐高食品有限公司在天猫旗舰店网页上销售一款名为"高乐高威化饼干脆咔咔 18 g×5 闲趣夹心牛奶味办公零食儿童营养食品",广告中含有"精选进口优质纯天然可可粉,更添加多种矿物质(钙锌铁)和益生元,提供丰富的营养好能量,同时维持体内平衡,提高免疫力"的内容。因该广告文案违反《食品广告发布暂行规定》相关规定,该公司被市场监管部门处以 10 万元罚款。

第三节　擦边广告文案

擦边原指打擦边球,指球打在球台的边缘。广义上的擦边指的是在做某件事情时,利用规则和政策的空子行事。在做事或说话时规避主要问题,表面看是在规定界限内,实则利用侥幸心理靠运气和小聪明取得成功。擦边广告是指没有违反基本的广告法规,然而广告的社会影响恶劣,属于一种恶性竞争。

擦边广告会伤害竞争对手、伤害消费者、伤害自身、伤害经济秩序,具有隐蔽性、欺骗性和挑衅性。

一、隐蔽性

擦边广告文案创作者会利用规章制度的空子,利用文字的多义性、多音性来模糊广告行为,即使要管治,也难以明确指出其中的违规处,不易进行定性处理。但是,这种隐蔽的擦边广告文案无疑造成了不良的社会后果。

二、欺骗性

擦边广告文案虚假宣传产品。例如一则擦边广告没有直接宣称在某购物中心出售的某种产品一定比其他购物中心便宜,但这正是它想表达的。看到这种广告的普通消费者可能会有这种想法:"商家肯定做过仔细的市场调查,确保这是最低的价格,否则怎么能这么肯定地说自己是最便宜的呢,所以他家的肯定是最便宜的!"这就是"联想效应"。通过消费者产生的这种"联想效应",商家实现了自己的目标,同时也损害了其他竞争对手的利益。

三、挑衅性

这类广告文案虽然没有指名道姓,也没用极端的术语,更没有直接贬低他人,但利用直接或间接比较的手段贬低竞争对手,这就是"聪明"之处。简而言之,这类广告文案故意隐晦地、非公开地诋毁竞争对手,其核心是极富挑衅性地将直接竞争的矛头指向对手。

例如某辣条的广告文案"××大面筋,冷静、压惊、约吗？任性。××小辣棒,耐嚼、强硬、干货",涉嫌打色情擦边球。厂家道歉,网友痛批:打广告要有底线。

该广告文案有很多性暗示,让受众感到不舒服。其中"约吗"的"吗"字的口字设计成红色,并故意做成"P"的样式,充满了低俗的性暗示。包装上的文案更有"贼辣""贼棒""强硬"等字样,充满刺激性和低俗性。辣条是国民休闲零食,其主要消费群体中,中小学生占很大一部分。这种带有性暗示的擦边广告文案印在包装上,会对处于青春期的未成年的身心造成恶劣的影响。

因此,广告创作者要杜绝此类低俗广告,而要创作高质量、正能量的广告作品,真正为企业和大众服务。

参 考 文 献

[1]瑞夫斯.实效的广告:达彼思广告公司经营哲学:USP[M].张冰梅,译.呼和浩特:内蒙古人民出版社,1999.

[2]奥格威.一个广告人的自白:纪念版[M].林桦,译.北京:中信出版集团,2015.

[3]特劳特.定位:头脑争夺战[M].王恩冕,于少蔚,译.北京:中国财政经济出版社,2002.

[4]霍普金斯.科学的广告[M].史雷,译.上海:上海文化出版社,2019.

[5]舒尔茨.整合营销传播:创作企业价值的五大关键步骤[M].何西军,黄鹏,朱彩虹,等译.北京:中国财政经济出版社,2005.

[6]博顿.广告文案写作:第七版[M].程坪,丁俊杰,等译.北京:世界知识出版社,2006.

[7]阿伦斯,维戈尔德.当代广告学:第十一版[M].丁俊杰,程坪,陈志娟,等译.北京:人民邮电出版社,2013.

[8]刘竞,王晓川.广告定位理论在广告创意中的运用[J].西南民族大学学报(人文社科版),2005,26(12):241-244.

[9]陈汝东.修辞学教程[M].北京:北京大学出版社,2014.

[10]张金海,余晓莉.现代广告学教程[M].北京:高等教育出版社,2010.

[11]丁邦清,程宇宁.广告创意:从抽象到具象的形象思维[M].长沙:中南大学出版社,2003.

[12]丁俊杰.现代广告活动理论与操作[M].北京:中国三峡出版社,1996.

[13]何辉.当代广告学教程[M].北京:北京广播学院出版社,2004.

[14]闵斯特伯格.基础与应用心理学[M].邵志芳,译.北京:北京大学出版社,2010.

[15]考夫卡.格式塔心理学原理[M].李维,译.北京:北京大学出版社,2010.

［16］胡晓云.品牌传播效果评估指标［M］.北京:中国传媒大学出版社,
2007.

［17］莫凡,王成文.广告创意案例评析［M］.武汉:武汉大学出版社,2009.

［18］程宇宁.广告创意:从抽象到具象的形象思维:第二版［M］.北京:中国
传媒大学出版社,2009.

［19］陈培爱,李道平.广告策划:第2版［M］.北京:中国商业出版社,2001.

［20］孙涛.广告创意的视觉表现［M］.北京:清华大学出版社,2010.

［21］蒋旭峰,杜骏飞.广告策划与创意［M］.北京:中国人民大学出版社,
2006.

［22］姚力,王丽.广告创意与案例分析［M］.北京:高等教育出版社,2004.

［23］里斯.广告攻心战略:品牌定位［M］.刘毅志,等译.北京:中国友谊出
版公司,1993.

［24］黄升民,段晶晶.广告策划:第三版［M］.北京:中国传媒大学出版社,
2018.

［25］高志宏,徐智明.广告文案写作［M］.北京:中国物价出版社,1997.

［26］丁邦清.广告策划与创意［M］.北京:高等教育出版社,2011.

［27］郭有献.广告文案写作教程:第四版［M］.北京:中国人民大学出版社,
2019.

［28］高志宏,徐智明.广告文案写作［M］.北京:中国物价出版社,1997.

［29］胡晓云.广告文案写作:第二版［M］.杭州:浙江大学出版社,2022.

［30］丁俊杰,康瑾.现代广告通论:第3版［M］.北京:中国传媒大学出版
社,2013.

［31］丁柏铨.广告文案写作教程:第二版［M］.上海:复旦大学出版社,
2005.

［32］倪宁.广告学教程:第四版［M］.北京:中国人民大学出版社,2014.

［33］本书编写组.思想道德修养与法律基础［M］.北京:高等教育出版社,
2012.

［34］王国全.新广告文案学:创意·写作·表现［M］.广州:中山大学出版
社,2004.

［35］杨先顺.广告文案写作原理与技巧［M］.广州:暨南大学出版社,2000.